谷春燕 著

基于深度学习的我国矿业境外投资风险评价研究

Research on Risk Evaluation
of China's Overseas Mining Investment
Based on Deep Learning

中国财经出版传媒集团
经济科学出版社
Economic Science Press

图书在版编目（CIP）数据

基于深度学习的我国矿业境外投资风险评价研究/
谷春燕著. -- 北京：经济科学出版社，2022.8
ISBN 978 - 7 - 5218 - 3926 - 5

Ⅰ. ①基… Ⅱ. ①谷… Ⅲ. ①矿业投资 - 对外投资 -
投资风险 - 风险评价 - 研究 - 中国 Ⅳ. ①F426. 167. 6

中国版本图书馆 CIP 数据核字（2022）第 146850 号

责任编辑：刘 莎
责任校对：刘 昕
责任印制：邱 天

基于深度学习的我国矿业境外投资风险评价研究
谷春燕 著
经济科学出版社出版、发行 新华书店经销
社址：北京市海淀区阜成路甲 28 号 邮编：100142
总编部电话：010 - 88191217 发行部电话：010 - 88191522
网址：www. esp. com. cn
电子邮箱：esp@ esp. com. cn
天猫网店：经济科学出版社旗舰店
网址：http://jjkxcbs. tmall. com
固安华明印业有限公司印装
710 × 1000 16 开 14.5 印张 230000 字
2022 年 8 月第 1 版 2022 年 8 月第 1 次印刷
ISBN 978 - 7 - 5218 - 3926 - 5 定价：63.00 元
（图书出现印装问题，本社负责调换。电话：010 - 88191510）
（版权所有 侵权必究 打击盗版 举报热线：010 - 88191661
QQ：2242791300 营销中心电话：010 - 88191537
电子邮箱：dbts@ esp. com. cn）

前　言

风险是我国重要矿产资源"走出去"进行境外投资面临的一大难题。矿业企业境外投资项目的建设期和投资回收期很长，面临多方面不确定性因素，所以采用科学方法开展重要矿产资源境外投资风险评价，对于国内企业开展境外业务，减少损失，保障我国境外资源权益具有重要战略意义。以往的研究在风险的量化综合评价中做出了有益的尝试，但是对投资风险的提示和评价本质上是一个复杂度较高的高维分类问题，传统模型难以处理如此复杂的数据。同时在风险指标的赋值方面大多仍偏于定性分析，在建立科学客观的量化考核指标方面仍有较大的探索空间。基于此，本书尝试引入深度学习思想，就"如何采用科学方法对我国矿业境外投资风险进行量化综合评价"这一科学问题展开研究。本书的研究工作和创新贡献主要体现在以下几个方面：

（1）构建了我国矿业境外投资风险评价指标体系，设定量化方法和赋值标准，采集得到两个数据集——境外矿业投资风险特征数据集和风险标签数据集，其中前者可作为开源数据集，为后续研究提供数据基础。本书深入研究了 29 个风险因子的特质和属性，根据科学性原则设定计量方法，反映各项指标的经济特质；根据可靠性原则，数据均采自世界银行、国际货币基金组织等权威数据库；根据可比性原则，对计算结果进行分级风险分值评定。这一工作为后续风险综合评价奠定了数据基础。

（2）根据矿业境外投资风险评价的特点，构建了基于深度学习的风险评价模型。以弗雷泽（Fraser）研究所风险评价结果作为学习标签，21 个主要矿业国家 2009 ~ 2016 年的风险特征值作为深度学习模型的输入量，五个风险区域作为输出量，利用深层架构寻找风险特性与风险综合评价之间的映射关系，训练并确定了基于深度学习的矿业境外投资风险评价模型。其中，为解决样本数据量不足给网络训练带来的困扰，本书采用基于参数的迁移学习方式对模型进行了改进，以上市公司财务风险评价深度学习模型为对象，将在源域中通过大量数据训练好的模型参数应用到目标域中。训练后的模型能充分利用深层架构的特征提取优势，通过非线性模块实现多层转换组合，学习非常复杂的函数，有助于提高评价客观性。

（3）提出了一个复合聚类分析算法，对主要矿业国家基于投资风险相似度进行地区分类。结合皮尔逊相关系数对变量波动趋势相似性判断的优势，以及欧几里得距离对量级的更好表达，提出了一个复合风险相关系数算法，以此对风险指标评价结果进行相关性检验，将投资风险要素结构特征相似的国家聚类在同一群簇中进行考察，为有针对性地优选投资目标提供更为清晰的参考依据。

（4）设计了基于深度学习的指标贡献度全局分析方法，定量考察各风险指标对模型输出结果不确定性的贡献率，并据此对指标进行重要性排序。基本思路是从前述经过验证的深度学习模型中取得每一层降维的权重分布构造矩阵，设计适当的算法，得到指标的最终贡献度系数矩阵。经过研究，我们意外地发现，经由机器学习确定的模型，在不同风险层级上，各风险指标对评价结果的贡献度是动态变化的。这显然更加符合经济现实，也从另一角度证明了深度学习方法在风险评价领域，对复杂关系处理的优越性。

针对这一发现，我们区分不同风险域，根据贡献度对指标进行优选，量化测试重要指标不确定性对风险等级的影响，并据此进行投资风险变化的局部动态监测，及时发现接近或超过风险临界值的国家，为投资提供有价值的风险参考。

总体而言，本研究探索性地把深度学习思想运用于风险评价领域，不仅拓展了深度学习的使用边界，丰富了其经济意义，同时也为矿业境外投资风险的评判和解构提供了新的解决方案，为经济学分析范式的发展作出了有益尝试。

目录
CONTENTS

第 1 章

绪　　论

1.1　研究背景、目的和意义

1.1.1　矿业境外投资的形势与机遇

党的十九大提出了在我国决胜全面建成小康社会、进而全面建设社会主义现代化强国的时代定位和五位一体的中国特色社会主义总布局，这对我国矿产资源安全保障提出了更高的要求。金融危机和经济周期变化引发了全球产业的分工重组以及资源供需格局的调整，如何利用这个战略机遇推进重要矿产资源"走出去"战略，从而确保资源的安全供给已成为当前面临的重大课题。

本书中的"矿业"，界定为矿产资源地质勘查、开采与初加工行业。中国矿业境外投资始于 20 世纪 80 年代。根据中央提出的"利用两种资源，两个市场"的战略方针，中国矿业界到有关国家和地区进行考察，探讨海外勘探开采矿产资源的可能性，并先后在几十个国家进行矿产勘查开发活动。我国采矿业企业境外投资净额由 2007 年的 40 亿美元，至 2018 年采矿行业的境外投资企业数量达 1 524 家，采矿行业的对外直接投资存量 1 734.8 亿美元，而地质勘查行业年度对外直接投资流量从 2007 年的 3 亿美元逐步增加到 2018 年约 38 亿美元①。商务部统计结果显示，2018 年 1～11 月，我国境内投资者共对全球 157 个国家和地区的 5 213 家境外企业进行了非金融类直接投资，累计实现投资 1 044.8 亿美元，其中采矿业占比达 8.2%②。从投资项目的数量分布来看，亚洲、非洲和大洋洲是我国矿业境外投资的重点区域；从投资的金额分布来看，矿业境外投资资金主要流向大洋洲、非洲和亚洲，均吸引了投资总额的 22%，其次北美洲和南美洲，分别占投资总额的 16% 和 15%；从目标矿种的分布上看，除油气外，矿业境外投资主要集中于金、铜和铁矿③。图 1-1 反映了我国主要矿产资源境外投资项目的国别和矿种分布。

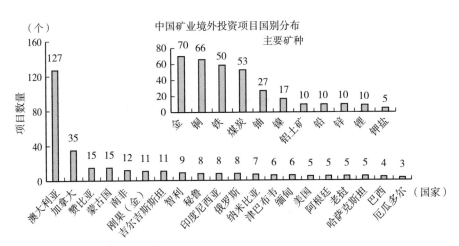

图 1-1 2018 年 1～11 月我国矿业境外投资项目国别和矿种分布

资料来源：标准普尔全球市场情报统计。

从目前来看，国内外矿产资源形势呈现如下特点：一是从 2008 年至今，历经长期的量化货币宽松（QE）和货币贬值后，以美国为

---

① 数据取自 2018 年度中国对外直接投资统计公报和统计年鉴。在国家统计局对外直接投资数据中，"科学研究、技术服务和地质勘查业"统计项下并未细分地质勘查业的分项数据，因此这里以该项数据近似代替地质勘查业数据。

② 商务部国外经济合作统计。

③ 标准普尔全球市场情报统计，原 SNL 数据，https://www.spglobal.com。

首的主要经济体进入加息和缩表周期，金融市场动荡，资金面紧张；二是 2015～2017 年，我国资本外流加剧，外汇储备从 4 万亿美元降到 3 万亿美元，部分资金以房地产等投资的形式外流，"走出去"进入去芜存菁阶段，需要精选行业和项目，严控风险；三是矿产资源供需格局调整，大宗商品价格下跌，全球矿业仍处于深度调整期；四是我国经济发展进入"新常态"，对高新技术产业相关的矿产资源需求快速增长，同时生态文明建设和生态环境保护对矿产资源勘探开发提出了新要求，国内资源保障程度仍将存在缺口，对大宗矿产进口仍将保持一定的需求；五是随着高科技技术手段的应用和地质勘查投入的增加，近年来全球重要矿产资源的储量大多有不同程度的增加。但是全球资源市场仍主要由国际矿业巨头控制，大型跨国矿业公司以参股或者控股的形式，或是通过金融机构进行资本运作，垄断了全球多数矿产资源，使得中国等资源进口大国利益受损；六是"一带一路"倡议进入落实阶段，亚投行金融资本带动产能输出，矿业投资低迷趋势可能出现逆转。

以上形势的变化，为我国矿产资源实施"走出去"战略，利用外汇储备优势，由单纯外汇储备向适度矿产资源储备转变，统筹国内国际"两种资源、两个市场"，利用海外矿业市场低谷期，为未来经济储备矿产资源提供了良好的契机。

1.1.2 矿业境外投资风险评价的必要性

与矿业展开境外投资同时，风险始终是我国重要矿产资源"走出去"面临的一大难题。在 COSO（The Committee of Sponsoring Organizations of The Treadway Commission，美国反对虚假财务报告委员会的发起组织委员会）企业风险管理框架中，风险被定义为任何可能影响某一组织实现其目标的事项。中国矿业境外投资项目的显著特点是建设期长，不确定因素多，对生态环境影响大，从而使得投资支出是否能取得预期效益具有较大不确定性。因此在决定对一个国家的矿产资源进行勘查投资前，有必要对各国的矿业投资风险进行评价，从而尽可能降低勘查开发风险。

由于矿业企业的行业特性，与一般投资风险相比，矿业投资需要考虑资源禀赋、集中程度、品位丰度和可采选性等。大部分矿产资源项目前期都需要进行大量的地质勘探工作，投入成本高而发现经济、可采矿床的概率相对较低。而勘查成功的矿床，其资源赋存和储量状况仍具有不确定性，矿床边界确定、地质参数、矿床有用组份及品位的确定以及计量等都是一个动态的概念，具有较大可变性。同时，对矿业企业的投资前期投入大，时间跨度长，较长时期内呈现大额现金净流出，投资机构会面临较大资金压力和资金回收风险。境外矿业勘探开发，加剧了这种不确定性。同时，矿产资源与水、土地、草原、森林等生态资源紧密相连，矿业开发对自然资源与生态环境造成直接破坏，大量排弃的尾矿、废水、废石以及开发造成的地面塌陷，对环保产生不利影响，对矿区居民的生活环境和生命财产安全构成威胁，环境治理和复建难度大、投入高，容易受到环境保护组织及其他非政府组织的反对。另外，矿业作为基础性行业，其发展直接受到国民经济运行状况的影响，矿产品需求量和市场价格具有明显的周期性。所以对矿业投资风险的评价要求更加专业化，需要更为全面地考虑软环境和硬环境，特别是要注重对资源、地质条件以及经济形势的评价。尤其是出于矿产品作为资源产业的特殊性，越来越多的国家和地区对矿产品交易、矿业投资项目以及矿业企业并购表示关注，行业内资源民族主义①和环境保护意识对矿业投资形成重大影响，企业向境外投资或并购除常规风险外，还会在很大程度上面临着评估目标国社会稳定状况、劳工和国家政策风险等情况。

———————————

① 安永（ERNST&YOUNG）《矿业和金属业商业风险报告2012》提出了"资源民族主义"这一概念，并将其列为矿业和金属业商业风险的首位。资源国家通过特许权费用和税赋的增加，以及其他政策性限制措施对资源产业进行保护，这一不确定性带来的影响不应被低估。

本书在前期研究工作中，对主要矿业国家矿业潜力、基础环境以及法规、政策方面的改变进行了监测，发现这些环境和政策的变化，给矿业境外投资带来了更多的不确定性。且矿业项目持续时间长、风险高，加上投资数额巨大，项目一旦启动就很难再改变投资方向，所以构建科学的风险评价体系，为境外投资项目运行决策提供依据，加强风险管理，减少风险损失尤为必要。

综上所述，本书的研究目的首先是通过文献归纳、实地调研和专家论证，识别矿业境外投资风险的要素，建立矿业境外投资风险多层次评价指标体系，其次构建深度学习模型，测算并评价主要矿业国家投资风险，并根据评价结果进一步解构和分析。这一研究对国内矿业企业开展境外业务，防范投资风险，保障我国境外资源权益具有重要战略意义。具体表现为：

（1）从微观角度，建立系统的矿产资源境外投资风险评价体系，采用科学方法和合理的模型对风险进行量化考核和追踪监测，为我国企业境外矿产资源投资提供决策参考，提升投资效益，降低投资损失，保证资金安全和资源供给。

（2）从国家安全的战略高度，为我国持续稳定地获得矿产资源，有针对性地选择投资目标，进行科学高效的宏观管理提供政策依据。

1.2 科学问题与研究内容

本书是围绕"如何采用科学方法对我国矿业境外投资面临的风险进行量化综合评价，以防范矿业企业境外投资风险，保障我国资源权益"这一科学问题展开，进一步可细分为以下四个子问题：

（1）我国矿业企业"走出去"进行境外投资，主要面临哪些风险？这些风险如何细分并量化？

（2）对于矿业企业境外投资风险，如何采用适当的模型对其进行科学的综合考核和评价？

（3）对于评价结果，如何进一步解构风险内涵的地区同质性，以便从模型经济应用的角度进行风险的地区优选？

（4）对于评价结果，如何进一步解构风险内涵的指标异质性，以便根据不同的风险特质进行指标优选，在此基础上有针对性地进行关键指标的后续动态监测？

基于以上子问题，本书在现有研究的基础上，综合运用模型研究与实证研究等方法，结合专家咨询和数据分析，对五个部分内容进行了深入研究，具体为：

第一部分：矿业境外投资风险影响因素识别及评价指标体系设计。

这一部分的研究见第 3 章，主要包括三个层级：第一个层级是矿业境外投资风险影响大类因素的识别。通过查阅相关学术论文、研究报告、政府文件、官方数据等资料，调研矿业企业管理层和矿业咨询专家，形成初步的风险识别。在此基础上，全面考虑影响风险的各个方面，并进行恰当的归类整理，划分矿业境外投资风险大类；第二个层级是风险因素的细分。以风险大类为基础，结合各因素在实际评价中的经济意义和实践意义，进行大类、亚类以及每一类别下影响因子的细分，将主要参考文献的所有明细指标进行对比并统计概率，整合归纳，构建系统的矿业境外投资风险评价指标体系；第三个层级是对明细指标，即风险因子的赋值。经过广泛调研和论证，采用科学的量化方法设定量化标准。

第二部分：基于深度学习的风险评价模型构建。

对风险的量化测评，常用的方法包括模糊理论、层次分析法和灰色理论，以及近年引入的熵权、优劣解距离法（TOPSIS 法）等，这些方法的运用存在一定局限性。深度学习的跨越式发展为矿业境外投资风险评价提供了一种崭新的思路，即通过构建具有多个隐含层的机器学习模型和进行大量的数据训练，来学习更有用的特征，从而进一步提升评价的准确性。本部分研究需要完成三项工作：一是深度网络的初始设计，在第 4 章完成。包括设计样本特征数据集和风险标签数据集，明确输入值和输出值之间的映射关系；设计深度学习网络的拓扑结构，如网络的前馈计算，误差的反向传播算法以及激活函数的选择和设置等。二是深度网络的训练与确定。包括选取适当样本，采集特征数据；界定带标签的学习榜样；对网络进行大量反复的训练，利用深层架构寻找风险特性与风险综合评价之间的映射关系，最终确定深度学习网络的参数。三是使用独立的测试样本数据测试模型的准确性，检验评价效果。后面两项工作见本书第 5 章。

第三部分：基于聚类分析的风险内涵地区同质性研究和优选。

这一部分的研究主要包括三个方面的内容：一是运用前述经过检验的风险评价深度学习模型，对主要国家矿业投资风险进行评价和分析；二是设计科学的算法，对风险指标的评价结果进行相关性检验，以此来衡量主要矿业国家两两之间的相似度，进行地区同质性聚类分析；三是从经济应用的角度，将投资风险要素结构特征相似的国家划分在同一群簇中进行考察，并结合风险排序，为投资决策的地区优选提供更为清晰的参考依据。

第四部分：基于贡献度的风险内涵指标异质性研究和优选。

运用深度学习模型对各国矿业投资风险进行评价时，为保证评价结果全面可靠，应选取尽可能全面的指标，但实际上，各项指标数据对最终评价结果的影响是不同的。从多个不确定性因素中找出对评价结果具有重要影响的因素，并分析、测算其影响程度，进而判断项目承受风险的能力具有重要意义。考虑到矿业投资风险评价是一个复杂的系统性问题，风险特征维度高且各个风险因素之间往往具有较强的联动性，本部分主要是设计科学的算法。从整体上测试输入变量的不确定性对输出响应的影响，并据此优选具有较大贡献度的指标，作为后续重点关注和跟踪监测的依据。

第五部分：样本国家矿业投资风险的动态监测。

在第四部分的基础上，对具有高贡献度和易变性的重要指标量化测试其不确定性对风险等级的影响，并据此对主要矿业国家进行投资风险变化的局部动态跟踪监测，及时发现接近或超过风险临界值的国家，为投资提供有价值的风险参考。

上述第三至第五部分的延伸分析见本书第 6 章。

1.3 研究方法与技术路线

1.3.1 研究方法

本书以研究我国矿业境外投资风险评价，保障我国境外资源权益为核心，综合运用模型研究与实证研究方法，结合文献分析、实地调研、专家咨询和数据分析，对相关问题进行研究。

1. 文献研究与实地调研

文献研究法主要指搜集、鉴别和整理文献，并通过对文献的研究形成对事实的科学认识的方法。具体包括确定研究目的和科学问题、收集和研读相关文献、归纳整理文献资料，以及对文献进行提炼和分析等。通过文献研究可以掌握所研究问题的现状和进展，奠定研究的理论基础。本研究通过对相关学术论文、研究报告、政府文件、官方数据等资料的收集和调研，研究发达国家，如美国、英国、加拿大的矿业投资风险评价体系，并实地调研走访涉外矿企，为构建我国矿业境外投资风险评价指标体系，设计科学的评价方法提供借鉴。

2. 实证研究与模型研究

实证研究是指通过对研究对象大量的观察、实验和调查，获取客观材料，从个别到一般，归纳出事物的本质属性和发展规律的一种研究方法。作为研究范式的一种，实证研究包括狭义的实证研究和广义的实证研究。狭义的实证研究指通过数理计量技术来检验变量之间的数量关系和相关关系。广义的实证研究则重视经验和实践的重要性，主要通过研究获取的第一手资料去发现事物之间的关系，而不是归纳一般性结论。本研究借助数学模型来把握复杂事物之间的作用机制，深入发掘事物本质，并通过对个案资料的实践，对问题有了进一步的了解和认知。具体为：基于深度学习方法构建投资风险评价模型，并选取主要矿业国家为样本采集数据，对深度网络进行训练和测试，最终确定模型参数，量化评测投资风险。

3. 专家咨询与研讨会

对于项目研究内容、研究方法和关键性问题咨询有关专家；阶段性成果和最终成果的修改和完善也通过举办研讨会的方式来最大限度地获取各方建议和意见。

1.3.2 技术路线

本书的技术路线如图 1 - 2 所示，大体可以表述为：

（1）研究分析国内外文献和研究成果，归纳提炼初步的矿业境外投资风险评价指标体系。

（2）设计专家调研方案，以调查问卷、专家座谈等形式，进行专家调研，在此基础上，根据课题组研究成果，完善评价指标体系。

（3）运用深度学习原理，构建投资风险量化综合评价深度网络基本框架，并初始化参数。

（4）根据建立的风险评价模型，选择样本，采集数据，对深度学习模型进行训练，求解网络参数，最终确立模型，并对模型准确性进行测试和检验。

（5）基于深度学习模型评价主要矿业国家投资风险，并进行进一步的解构和研究，同时有针对性地对主要矿业国家风险变化进行动态跟踪监测。

（6）根据研究结果提出防范风险和保障境外投资权益的对策建议。

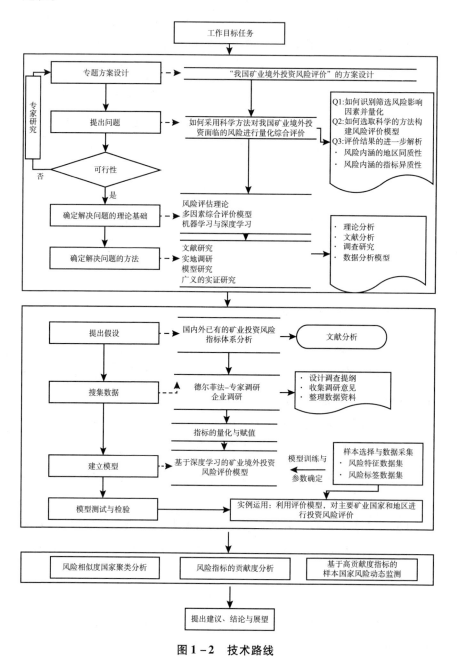

图 1-2　技术路线

1.4　创　新　点

本书尝试引入深度学习思想，就"如何采用科学方法对我国矿业境外投资面临的风险进行量化综合评价"这一科学问题展开研究。研究工作主要创新贡献如下：

（1）构建了我国矿业境外投资风险评价指标体系，设定量化方法和赋值标准，采集得到两个数据集——境外矿业投资风险特征数据集和风险标签数据集，其中前者可作为开源数据集，为后续研究提供数据基础。评价指标的量化一直是投资风险评价的重点和难点，现有研究大都采用根据主观印象打分的方式进行量化。本书深入研究了29 个风险因子的特质和属性，根据科学性原则，对其设定了计量方法，能够反映各项指标的经济特质；根据可靠性原则，数据来源均采自世界银行、国际货币基金组织等权威数据库；根据可比性原则，对计算结果进行分级风险分值评定。这一工作为后续风险的综合评价奠定了数据基础。

（2）根据矿业境外投资风险评价的特点，构建了基于深度学习的风险评价模型。以弗雷泽（Fraser）研究所投资风险评价结果作为学习标签，21 个主要矿业国家 2009 ～ 2016 年的风险特征值作为深度学习模型的输入量，五个风险区域作为输出量，利用深层架构寻找风险特性与风险综合评价之间的映射关系，训练并确定了基于深度学习的矿业境外投资风险评价模型。其中，为解决样本数据量不足给网络训练带来的困扰，本书采用基于参数的迁移学习方式对模型进行了改进，以上市公司财务风险评价深度学习模型为对象，将在源域中通过大量数据训练好的模型参数应用到目标域中进行目标域数据预测任务。训练后的模型能充分利用深层架构的特征提取优势，通过非线性的模块将较低层次的多维特征转换成更高层、更抽象的特征并实现降维，然后通过多层转换组合，学习非常复杂的函数。特征提取不再依赖人工经验，而是借助深层模型从数据中学习得到，实现了特征提取和分类分析的有机统一，有助于提高评价的客观性。

（3）提出了一个复合聚类分析算法，对主要矿业国家基于投资风险相似度进行地区分类。考虑到皮尔逊相关系数对变量波动趋势相似性判断的优势，以及欧几里得距离对量级的更好表达，本书结合二者之长，提出了一个矿业投资风险相关系数的算法，根据风险指标的评价结果进行相关性检验，以此来衡量 21 个主要矿业国家两两之间的相似度，将投资风险要素结构特征相似的国家聚类在同一群簇中进行考察，并结合前述风险排序，为有针对性地优选投资目标提供更为清晰的参考依据。

（4）设计了基于深度学习的指标贡献度全局分析方法，定量分析各风险指标对模型输出结果不确定性的贡献率，并据此对风险指标进行重要性排序。基本思路是从前述经过验证的深度学习模型中取得每一层降维的权重分布构造矩阵，设计适当的算法，得到最终贡献度系数矩阵，定量分析各风险指标对模型输出结果不确定性的贡献率。经过研究，我们意外地发现，经过基于深度神经网络的机器学习所确定的模型，在五个风险层级上，各风险指标对评价结果的贡献度是动态变化的。也就是说，同一指标对于不同风险等级的判断，其影响作用是不同的。这显然更加符合经济现实，也从另一角度证明了深度学习方法在风险评价领域，对复杂关系处理的优越性。

针对这一发现，进一步地，我们根据指标贡献度大小和指标的短期易变性以及数据的即时可得性进行优选，区分不同风险域，对具有高灵敏度和易变性的重要指标深入量化测试其不确定性对风险等级的影响，并据此对位于该风险域的国家进行投资风险变化的局部动态跟踪监测，及时发现接近或超过风险拐点临界值的国家，为投资提供有价值的风险参考。

　　总体而言，本研究探索性地把深度学习思想运用于风险评价领域，不仅拓展了深度学习的使用边界，丰富了深度学习的经济意义，同时也为矿业境外风险投资风险的评判和解构提供了新的解决方案和分析手段，为经济学实证分析范式的发展作出了有益尝试。

第2章

文献综述与理论基础

本章将整理并分析矿业境外投资风险的影响因素和评价方法，以及深度学习的原理和应用研究等方面的文献，在总结和继承前人研究成果的基础上，发掘本书的研究点，并为后续研究奠定文献和理论基础。

2.1 矿业境外投资风险影响因素分析

在 COSO 企业风险管理框架中，风险被定义为任何可能影响某一组织实现其目标的事项。风险包括恶性事件带来的威胁、尚不能确定后果的事件、可转化为机会的事件，重点强调未来的不确定性对企业实现其既定目标的影响。商务部《对外投资合作国别（地区）指南》（2009 年版）（下简称《指南》）划分了境外投资面临的 7 个主要风险：政治风险（政治稳定与行政效率）、主权风险（国民待遇与市场开放度）、安全风险（恐怖主义威胁，疫病和其他人身威胁）、法律风险（法律健全程度，法律体系熟悉程度和诉讼成本）、文化风险（文化融合与友好程度）、工会及利益相关者风险（工会势力与工程便利程度及成本）、环保风险（环境保护责任强度）。并通过简单平均计算，形成总体风险指数。《指南》2017 年版中，则根据国家和地区不同，进一步地将这些风险的考察延伸至十多种。世界银行营商环境报告（*Doing Business*）则设计了包括 11 个一级指标和 41 项二级指标的营商环境评价体系。

　　矿业项目的显著特点是建设期长，不确定因素多，对生态环境影响大。从矿山建设到矿石采选冶炼，再到销售最终用户，通常历时 3～4 年，涉及不同利益相关方，隐含各种风险。与一般投资风险相比，矿业生产更具多变性，需要考虑资源禀赋、集中程度、品位丰度和可采选性等。同时矿业作为基础性行业，其发展直接受到国民经济运行的影响，矿产品需求量和市场价格具有明显的周期性。所以对矿业投资风险的评价更加专业化，需要更为全面地考虑软环境和硬环境，特别是对资源、地质条件以及金融市场波动的评价。詹姆斯·奥拓（James Otto, 1992）以矿业投资风险为评价对象，对 39 家跨国矿业企业进行问卷调查。将地质潜力、地质评价技术应用能力以及预计盈利能力纳入影响因素之内，得出了有名的矿产投资评价的奥拓十大标准，即地质潜力、政治稳定性、销售市场、法规制度、财税制度、经营管理、金融政策、环境标准、利润水平和其他标准。其中每个标准又包括不同的构成因素。约翰逊（Johnson C J, 1990）则基于对矿产勘探开发环境的评价，利用问卷调查和频率统计的方法，根据地质、政治、市场、法律、投资及税法、环境、经营七个因素在决策中的权重不同，对投资国进行排序。阿莫提等（Amoatey C T et al., 2017）针对矿业企业的特点，将矿业投资面临的风险归纳为地质、市场、财务、行政管理、政府政策、地区/东道国问题、环境、国家/政治稳定性七个大类，并就每一类别的风险进行了解释和说明。而在安永（Ernst & Young）《矿业和金属业商业风险报告 2012～2013》中，则将矿业和金属业面临的主要战略性商业风险按影响力排列为：①资源民族主义；②技能短缺；③基础设施接入；④经营的社会许可；⑤资本项目执行；⑥价格和货币波动；⑦资本配置；⑧成本管理；⑨供应中断；⑩欺诈和腐败。其中，首次提出了资源民族主义

（Resource Nationalism）的概念，并将其排在了矿业风险首位。

除全面的风险考量外，一部分研究针对特定风险进行了深入分析。约翰逊（1990）从矿业勘探决策的角度，研究了主要矿业国的风险排序，并指出东道国基础设施风险的重要性。赛杜（Saidu B，2007）研究了东道国税收及财政体制的稳定性对矿业投资的作用。莱弗瑞和王（Levary R & Wan K，1999）、金贾拉克（Jinjarak Y，2007）认为宏观经济风险是影响境外投资的重要因素之一。坎特格瑞尔（Cantegreil J，2011）和阿兰（Allen L，2011）比较了不同因素，认为政治风险是影响矿业境外投资能否成功的主导因素，并将政治风险量化为投资目标国总体国家风险减去金融风险。萨拉拉（Sarala R M，2010）则从文化角度切入，认为两国企业文化积累和文化差异往往会在一定程度上决定投资的成败。另外一些机构的研究报告也关注了矿业投资中企业社会责任问题，以及社区补偿和环境修复问题导致社区和非政府组织环境投诉抗议带来的风险。

除了学者外，一些世界著名咨询机构也专注于对矿业投资风险的评价和研究。加拿大弗雷泽（Fraser）研究所从 1997 年起，每年对世界主要国家和地区矿业投资风险开展调查并发布年度矿业企业调研报告（*Annual Survey of Mining Companies*），形成"投资吸引力指数""最佳实践矿产潜力指数""政策感知指数"。其中第一项为综合指数，由资源禀赋和 15 个政策题项组成；后两项较为简单，分别考察目标国资源禀赋和矿业政策。贝里多贝尔（Behre Dolbear）公司从 1999 年起，每年对各国矿业投资环境进行排名。主要依据七个要素：政治制度、经济制度、社会、矿业权保障、腐败、货币稳定性和税收制度，对主要矿业国家投资风险进行评分。弗雷泽和贝里多贝尔的矿业投资评价报告，至今已经连续发布了十多年，传播广泛，被大量引用，为矿业投资风险评价指标体系的建立做出了突出贡献。

综合国外学者的研究成果，我们发现国外对于矿业投资风险的研究起步较早，理论已趋于成熟，研究偏重对现状的评价。大体从政

治、经济、社会、地质条件、其他等方面来识别风险因素，建立投资
风险评价指标体系，并且结合一定的评价方法进行投资环境的评估。
评价以主观打分后加权计算综合指数为主，主要侧重于定性分析，辅
以一定的定量计算，定量分析的方法大多较为简单，容易忽略区域矿
业投资风险内涵及风险因素彼此之间的相互作用和联系。

　　国内对于矿业投资风险的研究受大环境的影响，起步较晚，在学
习借鉴国外研究成果的基础上，结合我国政治、经济、社会的独特
性，逐步形成了适合我国国情的投资风险评价体系。

　　高兵（2009）探讨了国际矿业投资项目面临的政府风险、社会
风险、安全风险、基础设施和健康风险等非技术风险，在识别风险的
基础上，提出了风险应对战略组合。贾宇（2010）认为矿产资源开
发投资规模大、回收期长，并且中国矿业企业进行跨国并购时往往面
对更加复杂的政治风险，以及矿产资源行业特有的勘探风险、开发风
险、矿产品价格波动风险、环境损害风险等普通跨国并购所没有的风
险。并特别地对中国国有企业对澳大利亚矿业投资的政治风险进行了
分析。王江等（2011）基于布鲁诺风险框架体系，从管理者选择和
商业波动两个角度，对中国石油企业跨国并购风险从管理者选择角度
的信息对称、政治、法律、融资、支付方式、主观因素、文化和人力
整合等风险，以及基于商业波动的主权和经济危机风险进行了三级细
分。郑明贵等（2018）也尝试针对我国矿业境外投资项目构建了多
层次风险评价指标体系，将矿业投资项目风险划分为政治政策、经济
金融、社会文化、基础设施四个风险大类，并就每一类风险进一步细
分了二级指标。

　　深圳前瞻研究院针对俄罗斯的矿业投资风险也进行了国别分析，
其 2015 年 2 月更新的《2015～2020 年俄罗斯投资环境与重点区域投
资机会分析报告》中，将对矿业投资风险的分析重点放在了地质条
件、政治环境、对外经贸关系、基础设施水平、社会环境、经济形
势、成本竞争力、金融政策、法律法规等方面。国土资源部（原）

信息中心 2015 年 10 月发布了《世界矿业投资环境分析报告》，从矿产资源潜力、矿业外商投资准入、政治稳定性、基础设施、矿业权取得、人力资源、税费水平、环境因素、地质资料的可得性以及社会环境十个方面，采用等级评分法对 85 个国家和地区矿业投资环境进行了深入分析和评价排序，

综上所述，对矿业境外投资风险的影响因素的研究，不论是针对普遍性影响因素，还是针对特定因素，都为风险因素识别与系统指标构设提供了可靠参考。虽然侧重点不同，但归纳起来大致可分为矿产资源、政治宗教、外交关系、经济环境、矿业政策、基础设施、矿业法律等方面。除此以外，评价指标的量化赋值一直是投资风险评价的重点和难点，现有研究大多采用打分的方式进行赋值，指标取值具有较大主观性。本研究计划在文献归纳总结的基础上，通过广泛调研与专家论证，全面考虑影响我国矿业企业对外投资风险的各个因素，构建我国矿业境外投资风险评价指标体系，并采用科学的量化方法设定赋值标准。

2.2 矿业境外投资风险量化评价方法研究

2.2.1 常规风险评价方法

随着对矿业境外投资风险评价研究的深入，研究的分析角度逐渐从定性分析向定量分析转变，提出了更多的风险评价方法，较为常用的风险评估方法包括模糊理论、层次分析法和灰色理论。

1. 模糊理论（Fuzzy Theory）

1968 年，美国自动控制专家札德（Zadeh L A）提出了模糊集（fuzzy set）的概念。目前模糊理论在风险评价领域最为广泛的应用是

模糊综合评价方法。其实质是：在确定评估因素、因子评价等级划分标准和权重的基础上，运用模糊集合变换原理，采用隶属度来描述各因素和因子的模糊边界，构造评价矩阵，并通过多层复合运算，最终确定评价对象等级。

采用模糊综合评价方法进行风险评价，不仅涵盖了风险因素的发生概率和后果，还包含一些有用的不确定性内容，所以模糊数学被广泛应用于风险评价领域（王志宏等，1998；黄崇福等，2000）。

2. 层次分析法（Analytic Hierarchy Process，AHP）

美国运筹学家萨提（Saaty T L）于 1980 年提出了层次分析法AHP。在层次分析法下，根据问题和任务目标，把复杂问题的影响因素划分为相互关联的有序层次，形成一个多层分析结构模型。然后对每一层次各元素的两两间相对重要性根据客观现实做出量化判断，构造判断矩阵，再用特定数学方法如最小二乘法和特征根法等求出各因素相对权重，确定全部要素相对重要性次序以及对上一层次的影响。

AHP 将复杂的多因素决策问题分解为多个层次上的相互比较和权重计算问题，以比较直观的方式实现对多个选择的排序和择优。国内外有不少研究将之应用于具体项目的风险分析，如工程项目施工风险（程国萍等，2015）、信贷风险（邱慧茹，2019），以及矿业投资风险的综合评价（刘莎等，2010）。

3. 灰色系统理论（Grey System Theory）

信息部分明确、部分不明确的系统称为灰色系统。灰色系统理论是研究灰色系统分析、建模、预测和控制的理论。灰色模型把一切随机过程看作与时间有关的、在一定范围内变化的灰色过程，用数据生成的方法，将无序的原始数据整理成具有较强规律性的生成数列进行研究。

一般来讲，任何项目的风险信息都不是完全确知的，因此可将灰色系统理论运用于风险评估：首先采用累加生成法和累减生成法处理原始生成数据；其次，根据生成数据构造灰色模型；运用后验差检验法、残差检验法或者关联度检验法等方法对确定的模型进行精度检验；最后将符合精度要求的模型用于风险分析（胡国华等，2001；郑明贵等，2015）。

表2－1对上述三种风险评价常规方法进行了对比分析。

表2－1   三种常规风险评价方法对比一览

评价方法	方法描述	优点	缺点
模糊理论	根据模糊数学的隶属度理论把定性评价定量化	能较好地解决模糊而难以量化的问题；适用解决非确定性问题	不能解决评价指标间信息重复的问题；因素赋权具有主观性；多目标模型隶属度确定较为烦琐
层次分析法	将决策问题元素分解成不同层次，分层量化赋权，进行逐层定量分析和排序	能统一处理定性和定量因素；具有系统性、实用性和简洁性	不适用多对象问题；判断、计算和调整工作量大；权重赋值主观性较强；适用于较简单的系统
灰色理论	一种多因素统计分析方法，依据各因素样本数据，以灰色程度来描述因素间关系的强弱、大小和排序	适用于信息部分明确部分不明确，且相关性大的系统；能较为客观地判断系统所属等级；物理概念直观清晰，计算简单	关联度描述只能反映数据列的正相关关系，对负相关缺乏反映性；定义时间变量的几何曲线程度较为困难

2.2.2 风险评价方法的演进

一些新的方法近年也开始被应用于风险分析：一是将常规方法进行结合使用，形成复合风险评价模型。如基于模糊理论进行层次分析；或是将模糊理论与灰色理论相结合形成模糊灰色关联评价模型，改进指标权重的计算方法，平衡主观赋权和客观赋权之间的关系；或是将层次分析法与灰色聚类分析结合，运用层次分析法对指标进行权重赋值，再基于灰色理论进行聚类分析。除此以外，为了开发一种更为精确、更为通用的预测方法来解决这个问题，包括熵权、神经网络等方法的数据挖掘技术被广泛引入风险预测和评价领域，使测评结果有一定程度的提高。

熵权理论的基本思路是以指标的变异性大小为依据确定其客观权重。一般而言，若某个指标的信息熵越小，表明该指标值的信息无序度越低，则权重也越大。熵权法将每个评价指标的相对重要性，亦即指标赋予决策的信息量程度作为指标权重，有效地提高了赋权的客观性和科学性，被广泛应用于多目标决策中。付海波和孔锐（2010）在矿产资源测评领域引入了熵权法，建立了矿产资源竞争力比较评价体系，结合距离空间理论对三个矿山的资源竞争力进行了实例评价，并对熵权法与模糊综合评价法进行了比较，展示了熵权法的优势和独特价值。付娅娜和谷春燕（2015）则运用熵权—双基点复合方法，对主要矿业投资国的投资环境进行了评分排序。

人工神经网络是由神经元连接而成的网络，其基本思路是模拟人脑神经网络的结构和传导方式，用神经元之间的互联权重矩阵存储和传导信息，具有存储和学习并利用经验知识的能力。神经网络的连接权和阈值一般不由主观确定，而是通过对样本的学习进行网络训练取得。由于在数据分类和数据预测方面应用效果显著，并且接受非线性数据、容许噪声和数据遗漏，近年神经网络被广泛应用于各种风险的预测和评价。陈家愿（2014）应用 BP 神经网络模型对境外矿业投资的主要投资目的国进行预警分析。吕函桴和马恩涛（2017）则将神经网络引入我国地方政府债务风险预警系统研究。

综上所述，对于风险评价，模糊综合评价法、层次分析法、灰色理论、熵权以及 BP 神经网络等是应用较为普遍的方法，在矿业投资风险的分析中有一定的价值和优势。但是对投资风险的提示和评价本质上是一个复杂度较高的高维分类问题。传统模型难以处理如此复杂的数据, 主要体现在: 一是虽然存在一些降维技术, 但是降维可能会引起信息的损失; 二是主要依赖人工设计特征, 难免掺杂研究者的主观因素, 并且设计的特征过于具有针对性和不完整性; 三是传统线性方法还具有过强的"线性"设定, 而各因素对风险的影响往往是非线性的。即使是较为有效的人工神经网络方法, 除了存在过拟合和梯度消失等问题外, 由于仍属于浅层学习方法, 对输入特征的处理能力有限, 求解复杂分类问题时泛化能力受到制约。

2.3 深度学习方法的原理和运用研究

让机器具备智能是人们长期追求的目标, 艾伦图灵 (Alan Turing) 在 1950 年提出了著名的图灵测试: "一个人在不接触对方的情况下, 通过一种特殊的方式, 和对方进行一系列的问答。如果在相当长时间内, 他无法根据这些问题判断对方是人还是计算机, 那么就可以认为这个计算机是智能的"。要真正地通过图灵测试, 计算机必须具备理解语言、学习、记忆、推理、决策等能力。这也延伸出很多不同的学科, 比如机器感知 (计算机视觉、自然语言处理), 学习 (模式识别、机器学习、增强学习), 记忆 (知识表示)、决策 (规划、数据挖掘) 等。所有这些分支学科都可以看成人工智能 (artificial intelligence, AI) 的研究范畴。其中, 机器学习 (machine learning, ML) 因其在很多领域的出色表现逐渐成为热门学科。

机器学习的主要目的是设计和分析一些学习算法, 让计算机从观测数据 (样本) 中学习规律, 获得决策函数, 并用以对未知或无法观测到的数据进行预测。深度学习 (deep learning) 是机器学习的一种, 是为了能够得到有助于理解图片、声音、文本等的数据所表述的意义而进行的多层次的表示和抽取的学习。"深度"对应深层网络, 即包含多个隐含层的网络; "学习"即特征学习, 是深度学习的核心，学习的目的是使网络的实际输出逼近某个给定的期望输出。浅层学习到数据的结构，之后通过逐层训练，特征不断地抽象，最终可以进行某种属性的判断。

近年来深度学习的跨越式发展为风险评价提供了一种崭新的思路，即通过构建具有多个隐含层的机器学习模型和大量的训练数据，来学习更有用的特征，从而进一步提升评价的准确性。目前应用的判断学习方法多为浅层结构，对复杂函数的表示具有局限性，并且对于复杂情况并不具有移植性。而深度学习网络就是为了解决这个问题而出现的，它可以通过算法，实现复杂函数的表达，有助于对抽象问题的研究。

深度学习网络这个概念早在 20 世纪初就已经有学者进行了研究，和传统的神经网络，如 BP 神经网络不同，深度网络是多层感知器，包括输入层、若干隐藏层和一个输出层，一般来讲，如果隐藏层足够多，该网络可以逼近任何函数。多层感知器解决了之前无法模拟异或逻辑的缺陷，同时更多的层数也让网络更能够刻画现实世界中的复杂情形，利用每层更少的神经元拟合更加复杂的函数。但是随着网络层数的加深，优化函数越来越容易陷入局部最优解（即过拟合，在训练样本上有很好的拟合效果，但是在测试集上效果很差），或在误差反向传播过程中产生梯度弥散现象，偏离真正的全局最优。

2006 年，杰弗里·辛顿（Hinton G E）采用一种基于贪婪策略的"逐层预训练"方法缓解了过拟合问题，使得多层神经网络的有效训练成为可能。其基本思想是采取无监督逐层训练方式，每次训练一层隐藏节点，以上一层隐藏节点的输出作为输入，而本层隐藏节点的输出作为下一层的输入，这被称为"预训练"（pre-training）；在预训练完成后，再对整个网络进行调优（fine-tunning）。为了克服梯度弥散，ReLU、maxout 等传输函数代替了 sigmoid，形成了深度网络的基本结构。在此基础上，艾尔翰（Erhan D，2010）通过实验验证了使用逐层无监督训练的深度学习方法可以很好地刻画复杂函数，避免过拟合问题。穆罕默德（Mohamed A，2009）使用五层 DBN（深度置信网络）代替传统语音识别模型 GMM – HMM 中使用的高斯混合模型，对语音识别模型进行了探索和改进。辛顿等人在 2012 年的 ImageNET 比赛上，使用深度学习神经网络取得了巨大成功，其所用模型的输入值不包含人工特征而是图像像素，成为图像识别领域的一大突破。

国外对于深度学习的研究已经向多个领域发展，深度学习的实际应用也取得了不错的效果。现阶段深度学习被广泛应用于图像识别、视频分类、语义理解等领域（Prieto et al.，2016；Langkvist et al.，2014），由于其独有的优点和特性，也开始在经济研究领域扩展。希顿（Heaton，2016）概括了深度学习应用于金融领域的优势：一是突破了数据维度限制，只要是与预测问题相关的数据都可以被纳入模型之中；二是考虑了输入数据间的非线性和复杂交互作用，相对于传统模型可以提升样本内拟合性；三是可以有效避免过拟合问题。并指出这一系列的优点使得深度学习成为金融领域数据分析中很有价值的工具。竹内和李（Takeuchi & Lee，2013）提出应用深度学习方法可以发现股票价格运动的新模式，并通过实证证明了栈式受限玻尔兹曼机这一深度学习结构在证券市场中应用的潜力。丁（Ding，2015）的研究认为深度卷积神经网络是预测基于事件驱动的股票价格运动的有效工具，而其中的关键就在于他们所使用的深度卷积神经网络能够考虑时间变迁因素，捕捉新闻事件的长期影响。狄克逊（Dixon，2016）则利用深度神经网络预测期货价格变动情况，证明了深度神经网络同时处理多元信息的特点有助于从数据中获取更为丰富的信息集，从而捕捉价格运动中的时变协同运动特征。

国内对于深度学习的研究尚处于起步阶段，对于理论的拓展较少，主要是理论综述和实际应用的相关文献。刘建伟等（2014）对深度学习方法近年来的研究进展进行了综述，包括初始化、网络结构设计及函数算法等方面，并介绍了卷积神经网络等三类深度学习网络模型。王宪保等（2014）针对太阳能电池片缺陷检测的问题，使用深度学习方法提取对象特征，更快更准确地检测出有缺陷的太阳能电池片，并认为该方法具有一定的通用性，可以延伸到其他类似检测识别。王山海等（2015）将自编码深度学习网络用于语音识别，首先使用深度学习方法提取语音信号特征，然后分别用 BP 神经网络和深度学习网络进行测试，结果表明深度学习方法比传统 BP 神经网络准确率提高近两成，具有很好的效果。吴财贵和唐权华（2015）将深度学习思想应用于图片敏感文字检测，使用 BP 神经网络结合深度置信网络算法检测图片中的敏感信息，提高了敏感文字检测的速率和效率。刘宝龙（2018）将深度学习用于船名标识字符检测，并基于参数迁移对模型进行了改进。

综合中外文献的研究可以看出，由于适合解决复杂性问题，深度学习方法被广泛应用于人工智能任务中，并在计算机视觉、语音识别以及自然语言处理等方面取得了一系列先进成果。深度学习有能力在全局路径中生成学习模式、处理数据中非临近数据之间的关系，通过逐层学习提炼出高抽象水平的复杂特征、并以此作为数据的表现形式。其在其他领域的成功应用为风险评价的智能化发展提供了良好的借鉴，为风险数据分析提供了一个新的思路。本书在梳理现有深度学习理论和应用研究的基础上，探索性地把深度学习思想运用于风险评价领域，有助于拓展深度学习的使用边界，丰富深度学习的经济意义，同时也为矿业境外投资风险的评判和解构提供了新的解决方案，为经济学实证分析范式的改变进行了有益尝试。

2.4　本章小结

风险是我国重要矿产资源"走出去"进行境外投资面临的一大难题，准确的风险评价可以为投资决策提供依据，同时也便于管理人员采取适当的策略和措施，加强风险管理，减少风险损失。尤其是近年来，出于对政府财政收入下降和经济发展减速的担忧，很多国家政府通过税收和特许权使用费在矿业领域寻租，或者由于国际贸易保护主义抬头以及国内资源民族主义情绪的上升，通过国家安全评测、土地购买、环保政策、外资份额限制等方式，限制国外资本在矿业领域的发展，增加本国政府或国内企业对资源的控制与参股份额，给我国矿业境外投资带来了更多风险。在此情况下，开展我国重要矿产资源境外投资风险评价，提供全方位的信息支持，对于国内企业开展国外业务，减少损失，保障我国境外资源权益具有重要战略意义。

风险识别是构建风险评价指标体系的一项基础性工作，它对投资过程所面临的和潜在的风险源和风险因素加以判断、归类，并鉴定风险性质，也就是要找出风险所在和引起风险的主要因素，并对其后果进行确认和计量。风险的识别实际上包括两个环节：识别风险因素和量化风险指标。识别风险因素是指了解国外矿产资源开发过程中客观存在的各种风险，并将其细化为风险因素，进一步分析风险因素之间的内在区别和联系，并最终形成矿业境外投资风险评价指标体系；而量化风险指标则是针对各种不确定性，辨别其属性，并根据不同风险因素的属性和特质，采用科学的方法，定义计算方法，对其进行赋值和量化评测。国内外研究者对矿业境外投资风险的识别与细分进行了大量研究，不论是针对具有普遍性的影响因素，还是针对特殊因素，都为矿业企业境外投资风险的影响因素的识别提供了可靠参考。虽然研究者对投资风险影响因素的研究各有侧重，但归纳起来大致可分为矿产资源、政治宗教、外交关系、经济环境、基础设施、矿业法规、矿业管理等方面，并针对这些影响因素中的某个或者某几个进行了分析和阐述。但遗憾的是，这些研究大多偏于定性分析，或是基于调查矿业从业人员得到的主观打分，在建立科学客观的量化考核指标方面仍有较大的探索空间。本书尝试全面考察影响我国矿业境外投资风险的各个因素，探索科学的量化评测与考核指标，形成一套科学、全面的投资风险评价指标体系。

如上所述，影响矿业境外投资风险的因素很复杂，涉及方方面面，这些因素之间还存在相互关联与影响，怎样从这些高维度、具有大量噪声的数据中提取特征，形成综合的风险等级判断，是当前研究中需要解决的难题。弗雷泽研究所根据 15 个矿业政策题项以及资源禀赋的调研结果，采用一定的计算方法，从 1997 年起，每年计算"矿业投资吸引力指数"这一综合评价指标，对主要国家的矿业投资风险进行评估。一些研究者则尝试通过模糊综合评价法、层次分析法、灰色关联以及熵权等方法构建数学模型，计算综合风险值。以上方法各有优缺点，在矿业境外投资风险评价量化综合评价研究中做出了有益的尝试。但是对投资风险的提示和评价本质上是一个复杂度较高的高维分类问题。传统模型难以处理如此复杂的数据，主要体现在：一是虽然存在一些降维技术，但是降维可能会引起信息的损失；二是主要依赖人工设计特征，难免掺杂研究者的主观因素，并且设计的特征过于具有针对性和不完整性；三是传统线性方法还具有过强的"线性"设定，而各因素对风险的影响往往是非线性的。即使是较为有效的人工神经网络方法，除了存在过拟合和梯度消失等问题外，由于仍属于浅层学习方法，对输入特征的处理能力有限，求解复杂分类问题时泛化能力受到制约。

而深度学习方法的发展在一定程度上为上述问题的解决带来了思路。深度学习利用逐层特征进行特征学习：通过简单且非线性的模块获取特征，这些模块将一个较低层次的特征转换成更高层、更微妙、更抽象的特征，然后通过足够多的这样的转换组合，学习非常复杂的函数；更高层次的特征扩大了输入的风险原始数据中对评价或者分类具有重要作用的因素的影响，而弱化了不相关因素的影响；这些特征不是由人工设计的，而是使用学习过程从数据中学习得到的，所以在一定程度上最为客观，这也是深度学习最为关键的优势。与相对浅层的人工神经网络学习结构相比，深度学习的各种模型结构更善于从数据中提取出全局数据之间的关系，具有强烈的数据驱动特点，善于发现高维度数据中的复杂结构：一是只要是与预测问题相关的数据都可以被纳入模型之中，不受数据维度限制；二是考虑了输入数据间的非线性和复杂交互作用，相对于传统模型可以提升样本的内拟合性；三是可以有效避免过拟合问题。这一系列的优点使得深度学习成为风险评价领域数据分析中很有价值的工具，这也是本书采用这一方法构建评价模型，对我国矿业境外投资风险进行评价的原因。

第3章

我国矿业境外投资风险评价
指标体系的构建

本章通过"深度学习"这一方法,以弗雷泽评价结果作为学习榜样(标签值),尝试直接建立风险因素和评价结果之间的映射关系。本章将对矿业境外投资风险因素进行识别,在此基础上细化分解为风险项目层与因子层,并针对各因子的属性和特质科学定义量化标准,为后续风险评价工作奠定基础。

3.1 指标体系的设计思路

矿业境外投资风险的影响因素覆盖范围广、结构复杂,同时具有一定的模糊性,其风险评价是个多层次、多元素、多目标的复杂的大系统。为了反映我国矿业境外投资风险的主要方面和本质特征,需要建立风险评价指标体系。评价指标体系的设计思路如下:

1. 确定设计方法和原则

依据研究目的对指标体系的要求,科学选择设计方法,确立设计原则,为进一步研究奠定基础。

2. 识别投资风险影响大类因素

遵循指标体系设计原则和方法，通过对国内外相关学术论文、研究报告、政府文件、官方数据等资料的收集、归类和整理，结合企业调研和专家座谈意见，对矿业境外投资风险评价的一级指标进行综合整理，形成投资风险影响大类。

3. 风险指标的细化与分解

以矿业境外投资风险大类为基础，依据其内容和风险源，结合各因素在实际评价中的经济意义和实践意义，对其进行逐层细化与分解，得到评价体系的项目层与因子层。

4. 风险评价三级指标的筛选

对主要参考文献的所有明细指标进行比对，参考课题组专家意见，统计各指标出现的概率，删减掉其中频度较低的指标，并对指标中重复或并列的情况进行综合，去除难以获取可靠数据的部分，进行指标的筛选。

5. 确立风险评价指标体系

将一级指标（风险大类）和二级、三级指标（项目层与因子层）进行归纳整理，确定其经济属性和特质，建立最终的投资风险评价指标体系，并规范和设置各个指标的赋值标准。

指标体系设计思路见图 3 - 1。本章构建了世界主要国家或地区的矿业投资风险评价指标体系。这一体系对风险环境作了大类、亚类以及每一类别下影响因子的细分，构建了风险评价三级指标体系。

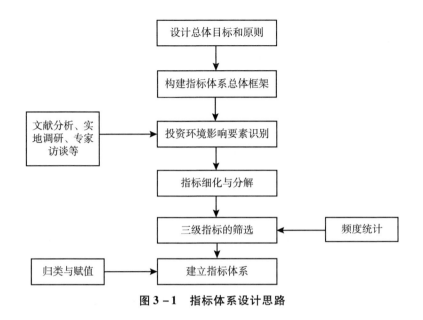

图 3 – 1　指标体系设计思路

3.2　指标体系的设计方法与原则

3.2.1　设计方法

本研究主要采用了文献分析、头脑风暴、走访调研、专家座谈等方法，经过大量的资料收集与归纳整理、实地调研、开会讨论、修改完善，最终设计完成矿业境外投资风险评价指标体系。

1. 文献分析与实地调研

本研究通过对相关学术论文、研究报告、政府文件、官方数据等资料的收集和调研，分析现有矿业投资风险评价体系，并实地调研走访涉外矿企，为构建矿业境外投资风险评价指标体系提供借鉴。

2. 头脑风暴法

头脑风暴法是一种群体决策方法，它利用思想产生过程，鼓励提出任何种类的方案设计思想。该方法基于群体会议模式进行，会议设定明确的主题和发言原则，营造自由、放松的会议环境，群体成员主动积极地发言，提出不同的意见和建议。头脑风暴法可以在很短的时间内得出风险评估所需要的观点和意见，课题组集合集体的智慧，让每个人都参与到风险要素识别的工作并提出自己的见解。

3. 专家咨询与座谈

课题组召开了中期成果讨论会，参加会议的有十多位专家，来自矿产资源相关的政府部门、企业与学术机构，从事相关领域的研究或行业实际工作。每一位专家均对课题组初步确定的风险评价指标体系提出意见或建议，课题组对专家意见进行归纳和整合，并经过反复征询意见，形成最终的风险评价指标体系。

3.2.2　设计原则

指标体系的设计应遵循以下原则：

1. 科学性原则

风险评价指标体系应当完整、准确地反映矿业境外投资风险影响因素的方方面面；指标的概念和意义应当定义明确；指标赋值应当科学合理，能够公允地反映该项指标的属性和特质；指标涵盖范围应具有包容性，既要考虑定性指标，也要考虑定量指标，对于模糊性指标也要有所反映。

2. 可靠性原则

对于指标的赋值，要保证数据来源客观可靠，尽量采用各国政府和具有权威性的国际组织的官方统计数据。对于定性指标的计量也应当客观合理，有明确的依据，以保证评价结果的准确性。

3. 可比性原则

可比性原则包含两个方面的含义：一是指标的横向可比性，表示指标体系的设计应当科学合理、普遍适用，能够为不同国家和地区之间的决策、对比提供参考，具有国别之间的可比性；二是纵向可比性，亦即指标的设计应该考虑覆盖前后较长的时间窗口，使其考核和计算能够适用不同期间，在前后各期的计量中保持一致性。

3.3　指标体系的构建

本节根据指标体系的设计思路和原则，经过对风险的识别、细化与分解，构建了包括类别层、项目层、因子层三个纵向层次的矿业境外投资风险评价指标体系框架结构，如图 3 - 2 所示。其中类别层是评价体系的最高层，用来反映矿业境外投资的大类风险；项目层是类别层的细化，从中观上反映某一类别的风险来源；因子层是综合指标体系的最底层，是对风险来源的明细考察。

3.3.1　风险影响大类因素的识别

本研究通过对国内外相关学术论文、研究报告、政府文件、官方数据等资料的收集和调研，研究现有矿业投资风险评价体系，为构建矿业境外投资风险评价指标体系提供借鉴。其中，课题组主要参考了商务部《对外投资合作国别（地区）指南》、世界银行的营商环境评价体系、弗雷泽、贝里多贝尔的矿业投资风险评价体系，以及（原）国土资源部信息中心《世界矿业投资环境分析报告》等，并结合安永的年度矿业和金属业商业风险报告，及其他国内外专家的研究成果，对相关研究进行了总结概括和初步分析。经过两轮专家论证，同时也调研了中铝国际等矿业企业管理层和矿业咨询专家，为风险识别奠定基础。

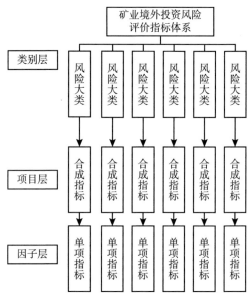

图 3 - 2　风险评价与监测体系框架

自 2009 年起，商务部联合多部门和各国驻外机构，每年编写和更新《对外投资合作国别（地区）指南》，以帮助我国企业全面、细致地了解世界各地投资合作信息。2017 年版《对外投资合作国别（地区）指南》全面介绍了全球 172 个投资合作目的国（地区）的基本情况、经济形势、政策法规、投资机遇和风险等内容，反映各国（地区）投资环境，客观体现了各国（地区）商业机遇和经营风险。

世界银行 2001 年成立营商环境（doing business）小组来构建营商环境指标体系，2003 年发布第一份全球营商环境报告（*Doing Business* 2004），到《2018 年营商环境报告：改革以创造就业》（*Doing Business* 2018：*Reforming to Create Jobs*）是该年度报告的第 15 期，评价指标体系也从最初的 5 项一级指标（开办企业、员工聘用与解聘、合同保护、获得信贷和企业倒闭），逐步完善到现在的 11 项一级指标，涵盖了开办企业、办理施工许可证、获得电力、登记财产、获得信贷、保护中小投资者、纳税、跨境贸易、执行合同、办理破产和劳动力市场监管等领域。从 2014 年版起，该报告被列为世界银行组织的"旗舰报告（*Flagship Report*）"之一。

加拿大弗雷泽研究所（Fraser Institute）成立于 1974 年，是加拿大知名智库，主要研究领域为世界经济与贸易及经济政策分析。弗雷泽从 1997 年开始发布对世界主要国家和地区矿业投资潜力的调查报告（*Annual Survey of Mining Companies*），调查内容包含矿业政策法规、政治、矿产资源潜力、地质数据获得、社会经济协议、腐败情况、环境管理、税收、土地所有权、安全和劳工问题等，并形成投资吸引力排名。其发布的调查数据和分析报告在国际上具有重要的影响力，受到各界的关注。

贝里多贝尔有限公司（Behre Dolbear Group Inc.）是全球资格最老的矿业咨询公司之一。公司于 1911 年创立，主要为矿业公司、政府部门、商业和投资金融机构等与矿业相关的实体提供专业服务，如矿业资产评估和估值、投资项目可行性研究、矿业市场分析等。该公司发布的主要矿业投资目标国投资风险排序报告（*Ranking of Countries for Mining Investment – Where"Not to Invest"*）在国际上具有较强权威性，其中对矿业投资风险评价标准的研究对本书具有启发意义。

2015 年 10 月，（原）国土资源部信息中心发布了《世界矿业投资环境分析报告》，对 85 个国家和地区矿业投资环境进行了深入分析和评价排序，鉴于投资环境与投资风险评价的共性因素，也将其分析框架作为本书重要参考。

综合以上文献资料并对其属性进行归纳，如表 3 - 1 所示。并对矿业境外投资风险评价的类别层一级指标进行综合整理，将意思相近的指标进行统一化处理，整理结果如表 3 - 2 所示。

表 3 - 1 　　　　矿业风险因素主要参考文献属性一览

文献名称	年度	研究单位	文献说明
《对外投资合作国别（地区）指南》	2017	商务部对外投资和经济合作司；商务部国际贸易经济合作研究院；我国驻外使领馆经济商务参赞处	从国家管理和企业利益的角度分别介绍了世界各国投资环境现状，是分析我国矿业境外投资风险的工具书
《营商环境报告》	2018	世界银行	覆盖全球主要国家投资环境状况，侧重介绍政策改革与变化
《矿业公司年度调查报告》	2017	加拿大弗雷泽研究所	此报告为世界主要矿业国家和地区投资潜力、资源禀赋、矿业政策的年度评价调查，从企业角度评估了各国的矿业投资风险现状
贝里多贝尔《矿业投资风险国家排序》	2012	贝里多贝尔矿业咨询公司	该报告从企业角度分析了 25 个主要矿业国家的投资风险，并给予相应评价和排序，是矿业境外投资决策的重要参考
《世界矿业投资环境分析报告》	2015	（原）国土资源部信息中心	采用等级评分法对 85 个国家和地区矿业投资环境进行了深入分析和评价排序

表 3 - 2 　　　　矿业境外投资风险评价指标体系一级指标统计

商务部《对外投资合作国别（地区）指南》	世界银行《营商环境报告》	弗雷泽研究所《矿业公司年度调查报告》	贝里多贝尔《矿业投资风险国家排序》	（原）国土资源部信息中心《世界矿业投资环境分析报告》
政治环境社会文化		社会稳定性治安与安全	政治体制	社会稳定性社会环境
经济表现金融环境税收政策对外经贸关系	获得信贷纳税跨境贸易	税收制度贸易壁垒	经济体制货币稳定性税收制度	税费水平

商务部《对外投资合作国别（地区）指南》	世界银行《营商环境报告》	弗雷泽研究所《矿业公司年度调查报告》	贝里多贝尔《矿业投资风险国家排序》	（原）国土资源部信息中心《世界矿业投资环境分析报告》
投资政策法律法规	开办企业办理施工许可产权登记保护少数投资者合同执行破产办理	法规与法律土地权利地质资料可得性	许可证拖延腐败问题	矿业外商投资准入矿业权取得地质资料可得性
商务成本（人工）	劳动力市场监管	社区发展要求劳工管理劳工技术	社会问题	人力资源
地理环境自然资源商务成本（水电气交通）基础设施	获得电力	基础设施		矿产资源潜力基础设施
环境保护		环保规范生态和遗址保护	社会问题	环境因素

本研究在文献归纳总结的基础上，通过广泛调研与专家论证，尝试全面考虑影响风险的各个因素，并进行恰当的归类整理，将我国矿业境外投资风险划分为 7 个大类：即矿产资源、社会风险、经济金融、制度运营、社区劳工、基础资源和环境保护风险。

3.3.2　风险指标的细化与分解

以上述矿业境外投资风险大类为基础，结合各因素在实际评价中的经济意义和实践意义，对其进行逐层细化与分解。

1. 矿产资源风险

矿产资源风险指成矿带矿种、储量、品位、分布及开采程度带来的偏差对矿业投资产生的风险，该反映一国在矿业资源储藏和开采方面的能力和潜力。资源风险可根据投资目标国优势矿产资源，分解为资源潜力、集中程度、开发程度、品位丰度、可采选性以及资源出口等三级指标。

2. 社会风险

社会风险是一种导致社会冲突，危及社会稳定和社会秩序的可能性。良好的社会稳定性与治安环境是矿业投资的保障，也是开展其他一切投资活动的基础。社会风险角度下的三级风险指标可分解为社会稳定与社会治安两项。其中社会稳定主要指投资目标国政治局势稳定性和暴力冲突的可能性对矿业企业投资造成的不确定影响。而新兴的资源型产业会为大量的无业人群提供就业，所以资源型城市极易积聚人口，大量人口流入的后果就是犯罪率的升高，投资资源型国家和地区，社会治安保障程度也是需要考虑的重要问题。

3. 经济金融风险

经济金融风险主要指东道国投资目标国经济发展状况、金融体系完善程度以及汇率、利率、税收等经济基本面因素对我国矿企在当地投资造成的影响。这一影响主要体现在经济形势、金融外汇和矿业税费三个方面。我国矿产企业境外投资的目的之一就是实现企业利润的最大化，而被投资国家的经济状况将影响着企业获得利润的稳定性和可能性，该项内容可通过被投资国 GDP 水平、GDP 增长速度、通货膨胀率以及国际收支状况等经济数据来进行评价；由于在境外进行矿产开发需投资的数额巨大，融资数额较大，所以企业融资渠道的通畅、资金成本、利率波动情况等，也会对企业经营造成较大影响；同时，由于海外投资以及矿产品的跨国交易涉及货币币种的转换，如果矿产品生产国货币对该矿产品价格具有强势影响（比如，作为主要的国际贸易结算币种），则可以软化经济格局、地缘政治事件、潜在的供给和需求因素对价格的影响。然而，大多数矿业企业以美元作为功能货币，所以在投资时，必须考虑投资目标国货币和人民币对美元汇率的趋势。投资目标国矿业课税税目以及税率的变动，也是重要的风险考察因素。经济金融风险可细分为如下项目：经济增长、通货膨胀、信贷体系、价格波动、财政收支、融资能力、利率波动、兑换汇回、汇率波动、税费科目、总税率和矿业权利金。

4. 制度运营风险

制度运营风险主要考察投资目标国的法律治理水平、运营企业的社会环境以及政府对矿业投资的政策支持度等。法律治理水平主要由法律体系的完善程度和政府的执法能力和执法水平体现；运营环境则主要反映社会对商业合约的履约信用、产权取得与登记的成本、合作伙伴的诚信状况以及对企业信息披露的要求与规范；政府矿业政策对外资勘探开发项目的支持力度以及稳定性主要包括政府矿产资源政策、矿产品进出口政策以及对外资投资本国矿业的政策规定等方面。制度运营风险可细分为法律体系、执法能力、社会信用、产权登记、合作伙伴、信息披露、外资持股、矿权获处、产品采购、冶炼要求等项。

5. 社区劳工风险

社区劳工风险是指社区组织和劳动力对矿业投资造成的不确定程度。社区劳工风险一方面反映社区组织对企业的诉求，如修建道路、学校、医院等，以及当地 NGO（非政府组织）活动的情况和影响力。另一方面则主要考虑当地的劳工政策和罢工风险。工人罢工将给矿业带来经济损失和生产组织的不确定性，而部分目标国家保护当地就业的政策，也使得劳工输出障碍重重。社区劳工风险可细分为社区诉求、NGO 影响、劳工政策、技能培训和罢工风险。

6. 基础资源风险

基础资源风险是投资目标国满足矿业投资和资源勘探开发的自然环境和社会条件的总和，包括基础设施状况和企业经营所需能源资源供应，以及目标国通信卫生条件等三个方面的考量。矿业投资对基础条件的要求包含基础设施的便利程度、能源电力供给的充分性，土地供给、通道安全保障以及医疗卫生状况等方面。基础资源风险可以细分为能源电力、土地资源、基础设施、通道安全、医疗卫生、通信条件等。

7. 环境保护风险

环境保护越来越成为投资矿业决策的制约因素。矿业公司境外投资时，必须要考虑下述环境保护方面的制约因素：①环境保护的法律要求及环境义务的预设能力。在矿产协议中能制订出明确环境保护条款的国家，以及已经建立起实际和合理的环境保护法的国家，比起尚未这样做的国家有更大的吸引力。矿业投资者非常希望提前、清楚、具体地知道自己应负的环境保护责任，而不是矿山投产之后，又被告知将要实行新的要求。投资者需要有明确的环境义务的预设能力，达到可以执行的程度，其数据可用于可行性研究，才有利于做出矿业投资的决策。②目标国的环境执法能力。由于腐败、政府设置环保壁垒等各种原因使得获取环保许可证时间延迟，将导致高昂的时间成本和经济成本，潜在地增加项目的不确定性。③自然灾害对环境的影响。环境保护风险可细分为环境执法、环保支出、自然灾害三个细项。

3.3.3 风险评价三级指标的筛选

通过进一步查阅商务部《对外投资合作国别（地区）指南》（以下简称《国别指南》）、世界银行《营商环境报告》（*Doing Business*）、弗雷泽研究所《矿业公司年度调查报告》（*Fraser：Annual*

Survey of Mining Companies）、贝里多贝尔公司《矿业投资风险国家排序》（Behre Dolbear：Ranking of Countries for Mining）以及（原）国土资源部《世界矿业投资环境分析报告》（以下简称《国土资源部报告》），并征询课题组专家意见，将各个文献的所有明细指标进行对比并统计频度，如表 3－3 所示。

表 3－3　　　　　　　　矿业境外投资风险三级指标概率统计

投资风险三级指标	国别指南	营商环境报告	弗雷泽	贝里多贝尔	国土资源部报告	课题组	频度合计
资源潜力			√		√	√	3
集中程度						√	1
开发程度						√	1
品位丰度					√	√	2
可采选性					√		1
资源出口	√	√				√	3
社会稳定	√		√		√	√	4
社会治安	√		√		√	√	4
经济增长	√				√	√	3
通货膨胀	√				√	√	3
信贷体系		√			√		2
价格波动						√	1
财政收支							0
融资能力	√						1
利率波动	√			√		√	3
兑换汇回	√		√		√		3
汇率波动	√			√	√	√	4
税费课目		√	√	√			3
总税率		√	√	√			3
矿业权利金				√			1

续表

投资风险 三级指标	国别 指南	营商环境 报告	弗雷泽	贝里多 贝尔	国土资源 部报告	课题组	频度 合计
法律体系	√		√		√	√	4
执法能力		√	√	√		√	4
社会信用		√	√			√	3
产权登记	√		√			√	4
合作伙伴		√				√	2
信息披露		√				√	2
外资持股			√		√		3
矿权获处			√	√	√		3
产品采购			√				1
冶炼要求			√		√	√	3
社区诉求			√			√	2
NGO 影响	√				√		2
劳工政策	√		√			√	3
技能培训			√				1
罢工风险	√				√	√	3
能源电力	√		√		√	√	4
土地资源			√				1
基础设施	√		√		√	√	4
通道安全						√	1
医疗卫生	√				√		2
通信条件	√					√	2
环境执法	√		√	√			3
环保支出						√	1
自然灾害					√	√	2

3.3.4 风险评价指标体系的确立

根据对矿业境外投资风险的分析及表 3-3 的统计，删减掉频度合计为"1"的指标，再对剩余指标中重复或并列的部分进行综合，去掉自然灾害和 NGO 组织两个数据难以准确获取的指标，本节确立了矿业境外投资风险评价指标体系。这一体系对风险环境进行了大类、项目层以及影响因子的细分，构建了包括 7 大类 14 项 29 个指标的风险评价三级指标体系，对主要目标国家和地区投资风险进行综合和分类评价。表 3 - 4 总结并列示了矿业投资风险评价指标体系构成。

表 3 - 4　　　　我国矿业境外投资风险评价指标体系统计

风险类别	风险项目	风险因子	说明
矿产资源风险	资源状况	资源开采	开采量越大，风险赋值越小
		资源潜力	矿产资源潜力越大，风险赋值越小
社会风险	社会环境	社会稳定	稳定程度越高，风险赋值越小
		社会治安	社会治安越好，风险赋值越小
经济金融风险	经济形势	经济增长	经济实际增长率越高，风险赋值越小
		通货膨胀	一定程度内通货膨胀越低，风险赋值越小
	金融外汇	信贷体系	信贷体系越稳定，风险赋值越小
		利率波动	利率波动越小，风险赋值越小
		兑换汇回	外汇越容易兑换汇回，风险赋值越小
		汇率波动	波动越小，风险赋值越小
	矿业税费	税费课目	税目越少，风险赋值越小
		总税率	税费率越小，风险赋值越小
制度运营风险	法律治理	法律体系	法律体系越健全，风险越小
		执法能力	执法能力越高，风险赋值越小
	运营环境	社会信用	社会信用程度越高，风险赋值越小
		产权登记	产权登记和土地管理效率越高，风险赋值越小
		合作伙伴	合作伙伴越遵守合约，风险赋值越小
		信息披露	企业信息披露越详尽，风险赋值越小

续表

风险类别	风险项目	风险因子	说明
制度运营风险	投资矿业	外资持股	外资持股限制越少，风险赋值越小
		矿权获处	矿权获得和处置越容易，风险赋值越小
		冶炼要求	限制越少，风险赋值越小
社区劳工风险	社区组织	社区诉求	社区诉求越少，风险赋值越小
	劳动用工	劳工政策	政策限制越少，风险赋值越小
		罢工风险	罢工情况越少，风险赋值越小
基础资源风险	基础设施	基础设施	基础设施建设越好，风险赋值越小
	资源供应	能源电力	能源电力越容易获得，风险赋值越小
	通信卫生	医疗卫生	医疗卫生条件越好，风险赋值越小
		通信条件	通信条件越好，风险赋值越小
环境保护风险	环境管制	环境执法	环境执法力度越低，风险赋值越小

3.4　风险评价指标的赋值标准

本节根据表3-4设定的矿业境外投资风险评价指标体系，对第三级指标，即风险因子，经过广泛调研，根据各个指标的特质和计量属性，设定赋值标准。

3.4.1　矿产资源风险

1. 资源开采

指标定义：投资目标国资源开采和出口现状。

赋值标准：矿石和金属出口占商品出口的百分比，量表见表3-5。

数据来源：世界银行。

指标性质：该指标反映目标国矿产资源当前开采和开采后出口的

状况，为负向指标，开采出口量占比越高，矿业投资承担的资源风险越小。

表 3 – 5　　　　　　　　　　　　资源开采赋值

矿石和金属出口指数（%）	得分
5 以下	10.0
5～10	9.5
10～15	9.0
15～20	8.5
20～25	8.0
25～30	7.5
30～35	7.0
35～40	6.5
40～45	6.0
45～50	5.5
50～55	5.0
55～60	4.5
60～65	4.0
65～70	3.5
70～75	3.0
75～80	2.5
80～85	2.0
85～90	1.5
90～95	1.0
95 以上	0.5

2. 资源潜力

指标定义：目标国矿产资源开发潜力。

赋值标准：最佳实践矿产资源潜力指数，量表见表 3 – 6。

数据来源：弗雷泽报告。

指标说明：该指标反映目标国矿产资源开发潜力，为负向指标。开发潜力越大，未来发展预期越好，矿业投资风险越小。

表 3 - 6 　　　　　　　　　　　　资源潜力赋值

最佳实践矿产资源潜力指数	得分
10 以下	10.0
10 ~ 20	9.0
20 ~ 30	8.0
30 ~ 40	7.0
40 ~ 50	6.0
50 ~ 60	5.0
60 ~ 70	4.0
70 ~ 80	3.0
80 ~ 90	2.0
90 以上	1.0

3.4.2 社会风险

1. 社会稳定

指标定义：投资目标国发生社会冲突，危及社会稳定和社会秩序的可能性。

赋值标准：WGI（World Govern Index，世界治理指数，下同）政治稳定和非暴力指数，量表见表 3 - 7。

数据来源：世界银行。

指标性质：反映目标国社会稳定性，社会稳定性越高，社会风险越小。

表 3 - 7　　　　　　　　　　　社会稳定赋值

政治稳定和非暴力指数	得分
- 2.5 ~ - 2.0	10.0
- 1.9 ~ - 1.5	9.0
- 1.4 ~ - 1.0	8.0
- 0.9 ~ - 0.5	7.0
- 0.4 ~ 0.0	6.0
0.1 ~ 0.5	5.0
0.6 ~ 1.0	4.0
1.1 ~ 1.5	3.0
1.6 ~ 2.0	2.0
2.1 ~ 2.5	1.0

2. 社会治安

指标定义：目标国社会治安状况。

赋值标准：根据目标国谋杀犯罪率划分风险等级，量表见表 3 - 8。

数据来源：UNODC（United Nations Office on Drugs and Crime，联合国毒品和犯罪问题办公室）。

指标说明：该指标反映目标国社会治安与安全保障情况，犯罪率越低，企业经营环境和员工安全保障程度越好，投资风险越小。

表 3 - 8　　　　　　　　　　　社会治安赋值

谋杀犯罪率	得分
10.0 以上	10.0
9.6 ~ 10.0	9.5
9.1 ~ 9.5	9.0
8.6 ~ 9.0	8.5
8.1 ~ 8.5	8.0

续表

谋杀犯罪率	得分
7.6~8.0	7.5
7.1~7.5	7.0
6.6~7.0	6.5
6.1~6.5	6.0
5.6~6.0	5.5
5.1~5.5	5.0
4.6~5.0	4.5
4.1~4.5	4.0
3.6~4.0	3.5
3.1~3.5	3.0
2.6~3.0	2.5
2.1~2.5	2.0
1.6~2.0	1.5
1.1~1.5	1.0
0.6~1.0	0.5
0.5 及以下	0.0

3.4.3 经济金融风险

1. 经济增长

指标定义：目标国经济实际增长速度。

赋值标准：GDP 增长率 – 通货膨胀率，量表见表 3 – 9。

数据来源：世界银行，目标国政府统计网站。

指标说明：该指标反映目标国经济增长的情况，目标国 GDP 实际增长率越高，说明其经济发展强劲，吸纳外资能力较强，也越有利于矿业投资的开展。

表 3－9   经济增长赋值

增长率（%）	得分
6.0 及以上	0.0
5.0 ~ 5.9	0.5
4.0 ~ 4.9	1.0
3.0 ~ 3.9	1.5
2.5 ~ 2.9	2.0
2.0 ~ 2.4	2.5
1.5 ~ 1.9	3.0
1.0 ~ 1.4	3.5
0.5 ~ 0.9	4.0
0.0 ~ 0.4	4.5
－ 0.1 ~ － 0.4	5.0
－ 0.5 ~ － 0.9	5.5
－ 1.0 ~ － 1.4	6.0
－ 1.5 ~ － 1.9	6.5
－ 2.0 ~ － 2.4	7.0
－ 2.5 ~ － 2.9	7.5
－ 3.0 ~ － 3.4	8.0
－ 3.5 ~ － 3.9	8.5
－ 4.0 ~ － 4.9	9.0
－ 5.0 ~ － 5.9	9.5
－ 6.0 及以下	10.0

2. 通货膨胀

指标定义：投资目标国物价平均水平的上升幅度。

赋值标准：年度通货膨胀率。量表见表 3 － 10。

数据来源：世界银行，目标国政府统计网站。

指标说明：该指标是反映目标国经济泡沫程度的重要量度，通货膨胀率越高，投资风险越大。在不出现通货紧缩的严重情况下，通货膨胀率越低风险越小。

表 3 – 10　　　　　　　　　　通货膨胀赋值

年通货膨胀率（％）	年通货膨胀率（％）	得分
0.0 ~ 1.9		0.0
2.0 ~ 2.9		0.5
3.0 ~ 3.9		1.0
4.0 ~ 5.9		1.5
6.0 ~ 7.9	– 0.1 ~ – 1.0	2.0
8.0 ~ 9.9		2.5
10.0 ~ 11.9	– 1.1 ~ – 2.0	3.0
12.0 ~ 13.9		3.5
14.0 ~ 15.9	– 2.1 ~ – 3.0	4.0
16.0 ~ 18.9		4.5
19.0 ~ 21.9	– 3.1 ~ – 4.0	5.0
22.0 ~ 24.9		5.5
25.0 ~ 30.9	– 4.1 ~ – 5.0	6.0
31.0 ~ 40.9		6.5
41.0 ~ 50.9	– 5.1 ~ – 6.0	7.0
51.0 ~ 65.9		7.5
66.0 ~ 80.9	– 6.1 ~ – 7.0	8.0
81.0 ~ 95.9		8.5
96.0 ~ 110.9	– 7.1 ~ – 8.0	9.0
111.0 ~ 129.9		9.5
130.0 及以上	– 8.0 以下	10.0

3. 信贷体系

指标定义：投资目标国金融系统的稳固程度。

赋值标准：目标国金融系统监管资本比风险加权资产（regulatory capital to risk-weighted asset），根据新、旧巴塞尔协议指引计算。量表见表 3 - 11。

数据来源：国际货币基金组织。

指标说明：该指标反映目标国信贷体系的风险度，比值越大，银行自有资本对风险的保障程度越高，风险越小。

表 3 - 11　　　　　　　　信贷体系赋值

监管资本与风险加权资产比	得分
2.0 以下	10.0
2.0 ~ 2.9	9.5
3.0 ~ 3.9	9.0
4.0 ~ 5.9	8.5
6.0 ~ 7.9	8.0
8.0 ~ 9.9	7.5
10.0 ~ 11.9	7.0
12.0 ~ 13.9	6.5
14.0 ~ 15.9	6.0
16.0 ~ 18.9	5.5
19.0 ~ 21.9	5.0
22.0 ~ 24.9	4.5
25.0 ~ 30.9	4.0
31.0 ~ 40.9	3.5
41.0 ~ 50.9	3.0
51.0 ~ 65.9	2.5
66.0 ~ 80.9	2.0
81.0 ~ 95.9	1.5
96.0 ~ 110.9	1.0
111.0 ~ 129.9	0.5
130 及以上	0.0

4. 利率波动

指标定义：投资目标国利率的波动情况。

赋值标准：短期利率相邻两年差值的绝对值作为利率波动的测度。量表见表3-12。

数据来源：国际货币基金组织。

指标说明：该指标反映目标国信贷资金成本状况，贷款利率波动幅度越大，风险越高。

表3-12 利率波动赋值

利率差值的绝对值（%）	得分
2.01以上	10.0
1.51~2.00	8.0
1.01~1.50	6.0
0.51~1.00	4.0
0.00~0.50	2.0

5. 兑换汇回

指标定义：投资者在目标国兑换外汇和资本跨境流动的自由度。

赋值标准：依据外汇兑换和汇回的限制5级评分。量表见表3-13。

数据来源：国际货币基金组织，目标国政府网站。

指标说明：该指标反映目标国外汇兑换和跨境转移资金的容易程度，直接影响我国投资资本的运转能力，对外汇兑换汇回的限制越少，资金风险越小。

表 3 – 13　　　　　　　　　　　兑换汇回赋值

兑换汇回自由度	得分
不依法律，随意性规定	10. 0
有限制兑换汇回	8. 0
有限制汇回	6. 0
有限制兑换	4. 0
（依法）无限制兑换汇回	2. 0

6. 汇率波动

指标定义：目标国货币对美元的汇率波动情况。

赋值标准：计算汇率波动率并评分，计算公式为：

汇率波动率 = （当期对美元汇率 – 上期对美元汇率）/上期对美元汇率 × 100%。量表见表 3 – 14。

数据来源：世界银行，国际货币基金组织。

指标说明：该指标反映目标国货币在国际收支中币值的稳定性，当目标国货币对美元升值时，其波动幅度越大，资金承受的汇率风险也越大；当目标国货币对美元贬值时，贬值幅度越大越有利于境外资本低成本进入。

表 3 – 14　　　　　　　　　　　汇率波动赋值

升值幅度（%）	贬值幅度（%）	得分
50 及以上	– 0. 1 ~ – 4. 9	10. 0
40. 0 ~ 49. 9	– 5. 0 ~ – 7. 4	9. 5
35. 0 ~ 39. 9	– 7. 5 ~ – 9. 9	9. 0
30. 0 ~ 34. 9	– 10. 0 ~ – 12. 4	8. 5
27. 5 ~ 29. 9	– 12. 5 ~ – 14. 9	8. 0
25. 0 ~ 27. 4	– 15. 0 ~ – 17. 4	7. 5

续表

升值幅度（%）	贬值幅度（%）	得分
22.5 ~ 24.9	-17.5 ~ -19.9	7.0
20.0 ~ 22.4	-20.0 ~ -22.4	6.5
15.0 ~ 19.9	-22.5 ~ -24.9	6.0
10.0 ~ 14.9	-25.0 ~ -29.9	5.5
0.0 ~ 9.9	-30.0 ~ -34.9	5.0
	-35.0 ~ -39.9	4.5
	-40.0 ~ -44.9	4.0
	-45.0 ~ -49.9	3.5
	-50.0 ~ -54.9	3.0
	-55.0 ~ -59.9	2.5
	-60.0 ~ -69.9	2.0
	-70.0 ~ -79.9	1.5
	-80.0 ~ -89.9	1.0
	-90.0 ~ -99.9	0.5
	-100 及以下	0.0

7. 税费课目

指标定义：目标国企业经营涉及的课税项目。

赋值标准：DB 纳税数量（Number of Tax Payments）指标，量表见表 3 - 15。

数据来源：世界银行。

指标说明：该指标反映目标国企业经营纳税的广度，税费数目越小，对矿业企业投资经营越起到良性促进作用。

表 3 - 15　　　　　　　　税费科目赋值

税费数目	得分
96 及以上	10.0
91 ~ 95	9.5
86 ~ 90	9.0
81 ~ 85	8.5
76 ~ 80	8.0
71 ~ 75	7.5
66 ~ 70	7.0
61 ~ 65	6.5
56 ~ 60	6.0
51 ~ 55	5.5
46 ~ 50	5.0
41 ~ 45	4.5
36 ~ 40	4.0
31 ~ 35	3.5
26 ~ 30	3.0
21 ~ 25	2.5
16 ~ 20	2.0
11 ~ 15	1.5
6 ~ 10	1.0
3 ~ 5	0.5
3 以下	0.0

8. 总税率

指标定义：目标国企业经营总体税负占利润的比重。

赋值标准：DB 总税率（总体税负占利润的比重）DTF（Distance to Frontier，前沿距离分数）指标，量表见表 3 - 16。

数据来源：世界银行。

指标说明：该指标反映目标国企业税收负担。指标衡量的是 DTF 值，即前沿距离分数，反映一国税负距最好状况的距离，指标值越高，离前沿税负（设定为100），距离越近，相对税收负担越轻，经营风险越小。

表 3－16 总税率赋值

总税率 DTF 分值	得分
0	10.0
1 ~ 9	9.0
10 ~ 19	8.0
20 ~ 29	7.0
30 ~ 39	6.0
40 ~ 49	5.0
50 ~ 59	4.0
60 ~ 69	3.0
70 ~ 79	2.0
80 ~ 89	1.0
90 及以上	0.0

3.4.4 制度运营风险

1. 法律体系

指标定义：目标国法律规范和法律体系的完善程度。

赋值标准：根据目标国法律规范和法律体系的完善程度评分，量表见表 3－17。

数据来源：商务部《对外投资合作国别（地区）指南》。

指标说明：该指标反映目标国法律体系建设和人们对法律的尊重程度，是一个定性指标。法律体系建设越完善，遵法守法观念越普及，违法风险越小，受保障程度越高。

表 3 – 17　　　　　　　　　　　法律体系赋值

法制水平	得分
法律体系完善，法制意识强	2.0
法律体系相对完善，法制意识较强	4.0
法律体系和法制意识一般	6.0
法律体系和法制意识较为薄弱	8.0
几乎没有法制	10.0

2. 执法能力

指标定义：目标国对法律规范的执行效率和执行力度。

赋值标准：WGI 政府效率指数，量表见表 3 – 18。

数据来源：世界银行。

指标说明：该指标反映目标国政府效率的高低，也从一个侧面反映出该国的执法能力。分值越大，风险越小。

表 3 – 18　　　　　　　　　　　执法能力赋值

政府效率	得分
– 2.5 ~ – 2.0	10.0
– 1.9 ~ – 1.5	9.0
– 1.4 ~ – 1.0	8.0
– 0.9 ~ – 0.5	7.0
– 0.4 ~ 0.0	6.0
0.1 ~ 0.5	5.0
0.6 ~ 1.0	4.0
1.1 ~ 1.5	3.0
1.6 ~ 2.0	2.0
2.1 ~ 2.5	1.0

3. 社会信用

指标定义：目标国整体社会信用状况。

赋值标准：DB 合同执行情况（Enforcing Contracts）DTF 指数，量表见表 3 - 19。

数据来源：世界银行。

指标说明：该指标利用合同的执行情况这一侧面来测量目标国的社会信用状况，指标衡量的是 DTF 值，即前沿距离分数，反映一国合同执行情况距最好状况的距离，指标值越高，离最好状况（设定为 100），距离越近，合同执行效果越好，违约风险越低。

表 3 - 19   社会信用赋值

合同执行 DTF 指数	得分
10 以下	10.0
10 ~ 15	9.5
15 ~ 20	9.0
20 ~ 25	8.5
25 ~ 30	8.0
30 ~ 35	7.5
35 ~ 40	7.0
40 ~ 45	6.5
45 ~ 50	6.0
50 ~ 55	5.5
55 ~ 60	5.0
60 ~ 65	4.5
65 ~ 70	4.0
70 ~ 75	3.5
75 ~ 80	3.0
80 ~ 85	2.5

续表

合同执行 DTF 指数	得分
85 ~ 90	2. 0
90 ~ 95	1. 0
95 以上	0

4. 产权登记

指标定义：目标国土地获得与产权登记管理状况。

赋值标准：DB 产权登记（Registering Property）DTF 指数，量表见表 3 - 20。

数据来源：世界银行。

指标说明：该指标反映矿业企业在投资目标国获得土地、登记产权的效率和成本。指标衡量的是 DTF 值，反映一国产权登记情况距最好状况的距离，指标值越高，离最好状况（设定为 100），距离越近，产权登记效率和成本越低，投资风险越低。

表 3 - 20　　　　　　　　　　产权登记赋值

产权登记 DTF 指数	得分
10 以下	10. 0
10 ~ 15	9. 5
15 ~ 20	9. 0
20 ~ 25	8. 5
25 ~ 30	8. 0
30 ~ 35	7. 5
35 ~ 40	7. 0
40 ~ 45	6. 5
45 ~ 50	6. 0
50 ~ 55	5. 5

产权登记 DTF 指数	得分
55 ~ 60	5.0
60 ~ 65	4.5
65 ~ 70	4.0
70 ~ 75	3.5
75 ~ 80	3.0
80 ~ 85	2.5
85 ~ 90	2.0
90 ~ 95	1.0
95 以上	0

5. 合作伙伴

指标定义：矿业企业在目标国合作伙伴的履约合作情况。

赋值标准：DB 董事责任（Extent of Director Liability）指数，量表见表 3 – 21。

数据来源：世界银行。

指标说明：矿业投资基本上都是按照公司治理结构进行企业化经营，该指标可以作为合作伙伴的测度，董事责任程度越高，合作风险越低。

表 3 – 21　　　　　　　　　合作伙伴赋值

董事责任程度	风险得分
0	10.0
1	9.0
2	8.0
3	7.0
4	6.0

续表

董事责任程度	风险得分
5	5.0
6	4.0
7	3.0
8	2.0
9	1.0
10	0.0

6. 信息披露

指标定义：目标国对企业信息披露的要求和规范。

赋值标准：WGI 企业信息披露程度指数，量表见表 3 - 22。

数据来源：世界银行。

指标说明：为了保护投资者的利益，需要一定的信息披露，信息披露越详细和规范，投资者对企业经营情况的掌握越到位，风险也越小。

表 3 - 22　　　　　　　　　信息披露赋值

信息披露得分	风险得分
0	10.0
1	9.0
2	8.0
3	7.0
4	6.0
5	5.0
6	4.0
7	3.0
8	2.0

续表

信息披露得分	风险得分
9	1.0
10	0.0

7. 外资持股

指标定义：目标国对企业外资持股的限制和规范。

赋值标准：根据目标国对外资企业持股限制情况，按持股比例要求划分等级，量表见表 3 - 23。

数据来源：使领馆参赞处、各国商务部门、商务部《对外投资合作国别（地区）指南》。

指标说明：该指标反映目标国对外资持股比例的限制，限制越强，投资风险越大。值得说明的是，外资持股限制只是投资壁垒中的一种，没有投资持股比例的限制并不意味没有投资限制，可能在投资方式等还会有所限制。

表 3 - 23   **外资持股赋值**

外资持股比例	得分
不允许持有股权	10.0
允许持少量股权	8.0
允许成为大股东（重大影响）	6.0
允许持股超过50%（形成控制）	4.0
自由持股	2.0

8. 矿权获处

指标定义：目标国对企业矿权获得和处置的规范。

赋值标准：根据目标国企业获取和处置矿权的难易程度划分风险

等级，量表见表 3 - 24。

数据来源：安永矿业报告、目标国矿产资源管理部门网站。

指标说明：该指标反映目标国获得和处置矿业勘探、开采权利的难易程度，获处越困难，投资风险越大。

表 3 - 24　　　　　　　　　　矿权获取赋值

获取难度	得分
非常难	10.0
比较难	8.0
一般	6.0
比较容易	4.0
非常容易	2.0

9. 冶炼要求

指标定义：目标国对矿产品在当地冶炼的限制性规定。

赋值标准：根据目标国是否允许矿产品直接出口，以及对矿业企业在当地冶炼和加工矿产品的要求程度划分风险等级，量表见表 3 - 25。

数据来源：安永矿业报告、目标国矿产资源管理部门网站。

指标说明：该指标反映目标国对矿产品直接出口、初加工、进一步加工的限制性要求，要求越宽松，投资风险越小。

表 3 - 25　　　　　　　　　　冶炼要求赋值

获取难度	得分
限制性要求多	10.0
限制性要求较多	8.0
一般	6.0
比较宽松	4.0
非常宽松	2.0

3.4.5 社区劳工风险

1. 社区诉求

指标定义：在目标国开办大型矿业企业时所在社区对企业的社会责任诉求。

赋值标准：根据当地大型企业进行社区建设的历史经验数据划分等级，量表见表3-26。

数据来源：弗雷泽报告，商务部《对外投资合作国别（地区）指南》。

指标说明：该指标反映目标国社区居民对在当地开办大型企业常见的社会责任诉求情况，包括拆迁、饮用水建设、开办医院学校等，诉求越强烈，投资成本越大，投资风险越高。

表3-26   社区诉求赋值

社区诉求程度	得分
非常多且强的诉求	10.0
较多的强烈的诉求	8.0
有比较强烈的诉求	6.0
一些诉求但不强烈	4.0
诉求非常少	2.0

2. 劳工政策

指标定义：目标国劳动用工政策。

赋值标准：目标国劳动收入占 GDP 比重（Labour Income Share in GDP），量表见表3-27。

数据来源：联合国国际劳工组织。

指标说明：该指标反映目标国劳动者收入分配趋势，劳动者收入占国内生产总值比重越大，劳动用工成本越高，投资风险越大。

表 3 – 27　　　　　　　　　　　劳工政策赋值

劳动收入占 GDP 比重（%）	得分
60 以上	10.0
55 ~ 60	9.0
50 ~ 55	8.0
45 ~ 50	7.0
40 ~ 45	6.0
35 ~ 40	5.0
30 ~ 35	4.0
25 ~ 30	3.0
20 ~ 25	2.0
20 以下	1.0

3. 罢工风险

指标定义：目标国工人罢工状况。

赋值标准：目标国年罢工总次数，量表见表 3 – 28。

数据来源：联合国国际劳工组织。

指标说明：该指标反映目标国工人罢工给企业正常生产经营带来的不确定性。年罢工次数越多，经营风险越大。

表 3 – 28　　　　　　　　　　　罢工风险赋值

年罢工总次数	得分
701 及以上	10.0
601 ~ 700	9.0

年罢工总次数	得分
501~600	8.0
401~500	7.0
301~400	6.0
201~300	5.0
101~200	4.0
51~100	3.0
11~50	2.0
10及以下	1.0

3.4.6 基础资源风险

1. 基础设施

指标定义：目标国基础设施建设状况。

赋值标准：根据国家基础设施得分划分风险等级，量表见表3-29。

数据来源：WEF（World Economic Forum，世界经济论坛）全球竞争报告。

指标说明：该指标反映目标国基础设施便利程度，得分越高，基础设施建设越好，越能保障矿业企业经营便利，风险越小。

表3-29 交通便利赋值

基础设施得分	得分
1.0及以下	10.0
1.1~1.5	9.0
1.6~2.0	8.0
2.1~2.5	7.0
2.6~3.0	6.0

续表

基础设施得分	得分
3.1~3.5	5.0
3.6~4.0	4.0
4.1~4.5	3.0
4.6~5.0	2.0
5.1~5.5	1.0
5.6 及以上	0.0

2. 能源电力

指标定义：目标国电力供应状况。

赋值标准：DB 能源电力获得性（Getting Electricity）指数，量表见表 3-30。

数据来源：世界银行。

指标说明：该指标反映目标国能源电力供应情况，包括电力获得的成本、时间、程序复杂度等考量，指数越大，电力供应越有保障，企业生产风险越小。

表 3-30　　　　　　　　　　　能源电力赋值

电力获得性指数	得分
10 以下	10.0
10~15	9.5
15~20	9.0
20~25	8.5
25~30	8.0
30~35	7.5
35~40	7.0
40~45	6.5

续表

电力获得性指数	得分
45 ~ 50	6.0
50 ~ 55	5.5
55 ~ 60	5.0
60 ~ 65	4.5
65 ~ 70	4.0
70 ~ 75	3.5
75 ~ 80	3.0
80 ~ 85	2.5
85 ~ 90	2.0
21 ~ 30	1.5
90 ~ 95	1.0
95 以上	0.5

3. 医疗卫生

指标定义：目标国医疗条件和卫生状况。

赋值标准：根据 WGI 每 100 000 人肺结核患病率划分风险等级，量表见表 3 - 31。

数据来源：世界银行。

指标说明：该指标从肺结核患病率，侧面反映目标国医疗水平与卫生条件，患病率越低，卫生条件和医疗保障程度越好，健康风险越小。

表 3 - 31　　　　　　　医疗卫生赋值

肺结核患病率（每 100 000 人）	得分
201 及以上	10.0
111 ~ 200	9.0

续表

肺结核患病率（每 100 000 人）	得分
91 ~ 110	8.0
71 ~ 90	7.0
51 ~ 70	6.0
31 ~ 50	5.0
21 ~ 30	4.0
15 ~ 20	3.0
11 ~ 15	2.0
6 ~ 10	1.0
5 及以下	0.0

4. 通信条件

指标定义：目标国通信发达程度。

赋值标准：使用互联网人数占比，量表见表 3 - 32。

数据来源：联合国国际电信联盟（ITU，International Telecommu-nication Union）。

指标说明：该指标根据使用互联网人数所占比重，侧面反映目标国通信发达程度，占比越高，与外界联络越方便，企业经营风险越小。

表 3 - 32　　　　　　　　　　通信条件赋值

使用互联网人数占比（%）	得分
0 ~ 10	10.0
10 ~ 20	9.0
20 ~ 30	8.0
30 ~ 40	7.0
40 ~ 50	6.0
50 ~ 60	5.0

使用互联网人数占比（%）	得分
60～70	4.0
70～80	3.0
80～90	2.0
90 以上	1.0

3.4.7 环境保护风险

环境执法

指标定义：目标国环境保护意识与执法力度。

赋值标准：根据目标国环境许可证发放情况及其他环保事项历史资料划分风险等级，量表见表 3－33。

数据来源：《对外投资合作国别（地区）指南》，目标国环保部门网站。

指标说明：该指标衡量反映目标国环保意识与环境执法力度，环保意识越强烈，执法水平越高，矿企经营的环境风险越大。

表 3－33　　　　　　　　环境执法赋值

环境执法水平	得分
非常高的执法水平	10.0
比较高的执法水平	8.0
一般的执法水平	6.0
比较低的执法水平	4.0
几乎没有环保执法	2.0

3.5　本章小结

　　本章以弗雷泽研究所对主要矿业国家和地区的投资风险评价结果作为学习榜样，通过"深度学习"方法，尝试直接建立客观风险因素和评价结果之间的映射关系。本章作为研究的起点，主要对矿业境外投资风险因素进行识别，在此基础上细化分解为风险项目层与因子层，并针对各因子的属性和特质定义量化标准，为后续风险评价工作奠定基础。

　　（1）收集和阅读了大量国内外相关学术论文、研究报告、政府文件和官方数据等，研究现有矿业投资风险评价体系，甄选主要参考资料，综合整理了商务部《对外投资合作国别（地区）指南》、世界银行营商环境评价体系、弗雷泽研究所、贝里多贝尔的矿业投资风险评价体系，（原）国土资源部信息中心《世界矿业投资环境分析报告》等权威评价体系，并结合安永的年度矿业和金属业商业风险报告，以及其他国内外专家的研究成果，形成初步的风险识别，在此基础上，通过广泛调研与专家论证，尝试全面考虑影响风险的各个方面，并进行归类整理，将我国矿业境外投资风险划分为 7 个大类：即矿产资源、社会风险、经济金融、制度运营、社区劳工、基础资源和环境保护风险。

　　（2）以上述风险大类为基础，结合各因素在实际评价中的经济意义和实践意义，对其进行逐层细化与分解，并经过对比、统计和筛选，构建了矿业境外投资风险评价指标体系。这一体系对风险环境作了大类、项目层以及影响因子的细分，构建了包括 7 大类 14 项 29 个指标的风险评价三级指标体系，对主要目标国家和地区投资风险进行综合和分类评价。

　　（3）根据设定的我国矿业境外投资风险评价指标体系，对第三级指标，即风险因子，经过深入研究，定义量化方法，设定赋值标准。评价指标的量化一直是投资风险评价的重点和难点，现有研究大多采用根据主观印象打分的方式进行量化。本章深入研究了 29 个风险因子的特质和属性，根据科学性原则，对其设定了计量方法，能够反映各项指标的经济特质；根据可靠性原则，数据来源均采自世界银行、国际货币基金组织等权威数据库；根据可比性原则，对计算结果进行分级风险分值评定。这一工作为后续风险的综合评价奠定了数据基础。

第4章

基于深度学习的矿业境外投资
风险评价模型初始设计

近年随着深度学习技术的不断发展，深度神经网络在文本检测、图像检测、语音识别、人脸识别等领域取得了超越传统方法的优异成绩。相比传统机器学习方法，深度学习可以对更多、更复杂的影响因子进行拟合和建模。因此，本章考虑运用深度神经网络来进行矿业境外投资风险评价。基于深度学习的矿业境外投资风险评价模型构建，包括初始模型设计—网络训练与参数确定—网络性能测试与检验三个步骤，总体思路是：构建基于深度学习的评价模型，初始化参数；选择合适的训练样本，运用 MATLAB 软件对训练样本按照深度网络算法进行迭代和处理，确定深度网络的权值等相关参数，最终确定模型；最后利用测试样本对该模型进行风险评价能力检验。本章在深入了解深度学习原理的基础上，根据矿业境外投资风险的特质与属性，完成第一步骤，即模型的初始设计，选择适合的网络结构，设定输入值与输出值的映射关系，构建网络拓扑结构。

4.1 网络结构选择

4.1.1 深度学习模型的常见网络结构

深度学习的各种模型结构善于从数据中提取出全局数据之间的关系，它可以从无监督数据中自动提取特征，对各种信息形式都具有较好的适用性；并且可以利用更复杂、更抽象的数据特征，从而使预测或者分类工作更加有效。同时，深度学习还具有强烈的数据驱动特点，善于发现高维度数据中的复杂结构。概括地讲，其优势体现在三个方面：一是只要与预测问题相关的数据都可以被纳入模型之中，不受数据维度限制；二是考虑了输入数据间的非线性和复杂交互作用，相对于传统模型可以提升样本内拟合性；三是可以有效避免过拟合问题。这些优势也是我们在本文中采用深度学习方法构建矿业境外投资风险评价模型的依据。

常用的深度学习模型有深度神经网络（deep neural network，DNN）、卷积神经网络（convolutional neural network，CNN）、深度置信网络（deep belief network，DBN）和循环神经网络（recurrent neuron network，RNN）等。

1. 卷积神经网络（convolutional neural network，CNN）

卷积神经网络 CNN 是一种包含多隐含层的前馈神经网络，神经元可以响应覆盖范围内的周围单元，它可能包含的神经网络层有卷积层（convolutional layer）、全连接层、池化层（pooling layer）和输出层等，每一层都包含多个参数（权重），结构如图 4 - 1 所示。

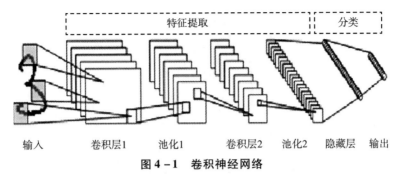

特征提取　　　　　　　　　　分类

输入　　　卷积层1　池化1　　卷积层2　池化2　隐藏层　输出

图 4 - 1　卷积神经网络

资料来源：刘宝龙，2018.

　　数据处理上，CNN 的每个神经元的输入与前一层的局部接受域相连，并提取该局部的特征。以图像检测为例，从输入层获取输入图像以后，第一层卷积层对输入图像进行卷积操作，卷积层由多个特征映射组成，每个特征映射构成一个平面，平面上所有神经元共享权值。然后将计算得到的特征图输入到下一层池化层进行下采样，简化从卷积层输出的信息，减少数据处理量。卷积层与池化层组成了卷积组，多个卷积组交替设置，逐层对特征进行提取。位于网络尾端的全连接层对卷积特征进行整合，最后通过输出层输出包含有输入图片类别信息的向量。

　　卷积神经网络的布局接近于实际的生物神经网络，卷积操作体现了局部连接和权值共享的理念，使得网络能够有效训练并具有较好的泛化能力，在语音识别和图像处理方面有着独特的优越性。

2. 深度置信网络（deep belief network，DBN）

　　DBN 是一种典型的多层网络，其中每对连接的层都是一个受限玻尔兹曼机（restricted Boltzmann machine，RBM）。通过这种方式，将DBN 表示为一些叠加的 RBM，如图 4 - 2 所示。假设第一个 RBM 的可视层输入用 V0 表示，由此生成了隐藏层输出 H0，H0 作为下一个 RBM的可视层输入，继而产生新的隐藏层输出 H1，同理，依次得到 H3……

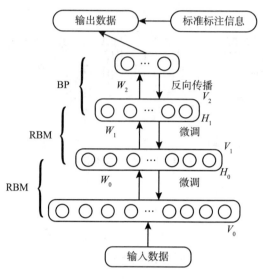

图 4-2　深度置信网络

资料来源：朱乔木，2018.

在 DBN 中，输入层表示原始感知输入，每个隐藏层都学习此输入的抽象表示，输出层的处理方式与其他层稍有不同，它实现了网络分类。训练分无监督预训练和监督微调两步进行：①各层 RBM 分别进行无监督训练，并尽可能多地保留特征信息；②最后一层设置 BP（back propagation，反向传播）网络，将 RBM 的输出作为 BP 的输入，对实体关系分类器进行有监督的训练。对输出节点使用标签来提供它们的含义，然后采用梯度下降算法（gradient descent）递归性地逼近最小偏差，从而完成网络的训练过程。

目前 DBN 已经成功地应用于人脸识别、文本分类、语音情感识别等任务中。

3. 循环神经网络（recurrent neuron network，RNN）

对于自然语言处理和语音识别等实际应用来说，样本出现的时间顺序至关重要。而 CNN 等前馈神经网络输入和输出的维数是固

定的，不能任意改变，无法针对时序上的变化进行建模。为了使得
前馈神经网络能处理变长的序列数据，一种方法是使用延时神经
网络。

　　循环神经网络也叫递归神经网络，能够对序列数据进行建模。在
前馈神经网络模型中，连接存在于层与层之间，每层的节点之间是无
连接的。而 RNN 网络中隐藏层之间的节点是有连接的，RNN 通过使
用带自反馈的神经元，能够处理任意长度的序列，对前面时刻的信息
具有记忆性，并将这种记忆性应用在当前时刻输出的计算中，输入层
的输出和上一时刻隐藏层的输出二者共同决定了 RNN 隐藏层当前时
刻的输入。图 4 – 3 反映了一个循环神经网络模型结构。

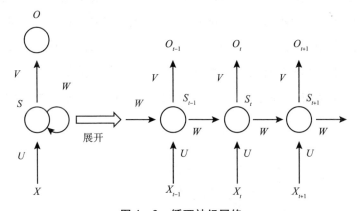

图 4 – 3　循环神经网络

资料来源：刘宝龙，2018.

　　和前馈神经网络相比，循环神经网络更加接近生物神经网络的结
构，已经被广泛应用于语言模型和自然语言生成等任务上。

4. 深度神经网络（deep neural network，DNN）

　　人工神经网络本质上是一种数学模型，基于网络拓扑知识模拟人
脑对复杂信息的处理。该模型由大量节点（或称"神经元""单

元"）相互连接而成，结合了信息的加工和存储，除了能够进行复杂的逻辑操作，还可以实现非线性关系。深度学习在网络结构上继承了人工神经网络的分层结构，其基本模型可以表示为：

$$y_{k=f(\sum_{i=1}^{n} w_{ik} \times x_i + b_k)} \tag{4-1}$$

其中 x_i 为神经单元，或节点，w_{ik} 为权重，b_k 为偏置，反映梯度下降的截距，$f(\cdot)$ 为激活函数。

但和传统的神经网络，如 BP 神经网络（见图 4-4）不同，深度网络是多层感知器（multilayer perception，MLP），包括输入层、若干隐藏层和一个输出层（见图 4-5），一般来讲，如果隐藏层足够多，该网络可以逼近任何函数。多层感知器解决了之前无法模拟异或逻辑的缺陷，同时更多的层数也让网络更能够刻画现实世界中的复杂情形，利用每层更少的神经元拟合更加复杂的函数。但是随着网络层数的加深，优化函数越来越容易陷入局部最优解（即过拟合，在训练样本上有很好的拟合效果，但是在测试集上效果很差），或在误差反向传播过程中产生梯度弥散现象，偏离真正的全局最优。

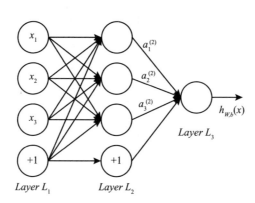

图 4-4　BP 神经网络

资料来源：曹兴，2016.

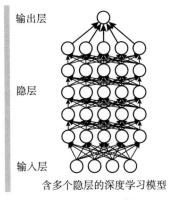

输出层

隐层

输入层

含多个隐层的深度学习模型

图 4 - 5　深度神经网络

　　2006 年，辛顿采用一种基于贪婪策略的"逐层预训练"方法缓解了过拟合问题，使得多层神经网络的有效训练成为可能。其基本思想是采取无监督逐层训练方式，每次训练一层隐藏节点，以上一层隐藏节点的输出作为输入，而本层隐藏节点的输出作为下一层的输入，这被称为"预训练"（pre-training）；在预训练完成后，再对整个网络进行调优（fine-tunning）。为了克服梯度弥散问题，ReLU、maxout 等传输函数代替了 sigmoid，形成了深度网络的基本结构。

4.1.2　模型选择与流程设计

　　在深度学习的几种常见的结构中，DNN 拥有特征提取能力强、模型结构简单、训练难度小、收敛速度快等诸多优点，结合风险评价的特点及要求，本节采用 DNN 构建深度学习模型。总体思路是：构建基于深度神经网络的风险评价模型；选择合适的训练样本，确定输入值和学习标签；运用 MATLAB 软件对训练样本按照深度网络算法进行迭代和处理，确定深度网络的权值等相关参数，最终确定模型；最后利用测试样本对该模型进行预警能力检验。DNN 基本流程和步骤可用图 4 -6 表示：

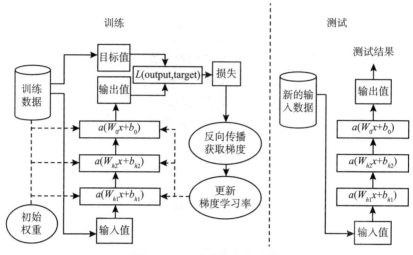

图 4 - 6 深度神经网络流程

如图 4 - 6 所示，深度学习的运用包括三部分，一是建立模型并初始化网络；二是通过训练网络，计算确定网络参数；三是运用训练好的网络进行测试，检验网络性能。具体包括：

（1）数据预处理：使用缩放、去除直流分量、特征标准化等方法将不同数量级的数据归一化到同一尺度下，来增加数据的有效性和易用性。然后将数据分为训练样本和测试样本，训练样本用来训练网络参数，测试样本用来检验网络性能；

（2）设计网络结构：确定网络层数、每一隐藏层的节点数和激活函数，以及输出层的激活函数和损失函数。上图是一个 4 层网络，包括输入层、两层隐藏层，和输出层。$f(.)$ 为激活函数。损失函数 $L(.)$ 用于比较均方误差（Mean Squared Error，MSE），即 mean（（output-target）^{2}），MSE 越小表示预测效果越好；

（3）训练网络：先随机初始化参数，然后输入带标签的训练样本数据，经过网络计算出输出值（前向传播），再和给定的标签进行比对，计算误差，通过误差的反向传播计算梯度，再用梯度下降法更新参数，迭代指定次数或误差小于指定值后，最终确定网络参数；

（4）最后，用户在训练好的深度网络中输入测试样本数据，经过网络前向传播，得到预测值，通过比较网络输出的预测值与测试样本的标签，计算准确率等性能指标，即可评价测试网络的性能。

本章根据矿业境外投资风险的特质与属性，完成第一步骤，即模型的初始设计，设定输入值与输出值的映射关系，构建网络拓扑结构。

4.2　风险评价映射关系构建

本部分主要对风险评价 DNN 的输入值（即样本特征数据集），和输出值（即风险标签数据集）进行定义，并设定输入值与输出值之间的映射关系。

4.2.1　样本特征数据集

设计样本特征数据集 X 为模型的输入值。对于矿业投资风险评估问题，我们认为企业的境外投资风险包括矿产资源、经济金融、政治宗教、制度运营、社区劳工、基础资源和环境保护等方面，而这些风险可以根据其特征和属性量化为相应的风险指标，将样本特征数据集 X 表示为下面的矩阵：

$$X = \begin{bmatrix} x_1 \\ x_2 \\ \vdots \\ x_L \\ x_{L+1} \\ \vdots \\ x_{L+U} \end{bmatrix} = \begin{bmatrix} x_1^1 & x_1^2 & \cdots & x_1^D \\ x_2^1 & x_2^1 & \cdots & x_2^D \\ \vdots & \vdots & & \vdots \\ x_L^1 & x_L^2 & \cdots & x_L^D \\ x_{L+1}^1 & x_{L+1}^2 & \cdots & x_{L+1}^D \\ \vdots & \vdots & & \vdots \\ x_{L+U}^1 & x_{L+U}^2 & \cdots & x_{L+U}^D \end{bmatrix} \tag{4-2}$$

上面的矩阵中，D 为每个数据的特征个数，在风险评价模型中具化为与矿业境外投资相关的各项风险指标。L 为标注数据的数量，模型中具化为被标注的矿业投资目标国家和地区，即训练样本。U 是无标注数据的数量，模型中具化为未被标注的矿业投资目标国家和地区，即测试样本。每一个拥有 D 个特征的数据都可以看作空间 R^D 中的一个向量，即 X 中的一行。

4.2.2　风险标签数据集

设计 Y 为与样本特征数据集对应的样本风险标签数据集，即模型的输出值。可以表示为下式：

$$Y = \begin{bmatrix} y_1 \\ y_2 \\ \vdots \\ y_L \end{bmatrix} = \begin{bmatrix} y_1^1 & y_1^2 & \cdots & y_1^C \\ y_2^1 & y_2^2 & \cdots & y_2^C \\ \vdots & \vdots & & \vdots \\ y_L^1 & y_L^2 & \cdots & y_L^C \end{bmatrix} \qquad (4-3)$$

其中，C 为标签类别数，具体在风险评价问题中，我们模仿气象灾害的风险等级，将矿业企业境外勘探开发总体风险分为 Ⅰ、Ⅱ、Ⅲ、Ⅳ、Ⅴ 五个风险等级，分别代表不能进行投资、严重投资风险、较高投资风险、一般投资风险和低投资风险。81~100 分为 Ⅴ 级预警，提示低投资风险，61~80 分为 Ⅳ 级预警，提示一般投资风险，41~60 分为 Ⅲ 级预警，提示较高投资风险，21~40 分为 Ⅱ 级预警，提示严重投资风险，0~20 分为 Ⅰ 级预警，提示不能进行投资。这五个风险等级，对应 5 个标签类别数。每一个标签数据可以看作是空间 R^C 中的一个向量，对于 y_j^i，其中第 i 个坐标对应第 i 个类别，具体标注规则如下所示：

$$y_j^i = \begin{cases} 1 \sim 20 & \text{若 } x_j \in \text{第 I 个类别} \\ 21 \sim 40 & \text{若 } x_j \in \text{第 II 个类别} \\ 41 \sim 60 & \text{若 } x_j \in \text{第 III 个类别} \\ 61 \sim 80 & \text{若 } x_j \in \text{第 IV 个类别} \\ 81 \sim 100 & \text{若 } x_j \in \text{第 V 个类别} \end{cases} \quad (4-4)$$

对矿业企业投资风险的评价即为寻找映射 $X \rightarrow Y$ 的问题。由于样本特征维数较高，映射关系通常会非常复杂，而且各风险指标之间亦存在相互影响，所以对风险的提示和评价本质上是一个复杂度较高的高维分类问题。机器学习方法，特别是深度学习方法能够对这类问题进行准确地求解。

4.3　深度学习网络的拓扑结构

4.3.1　网络的前馈计算

在风险预警模型中输入样本特征数据集，即选定的国家和地区各年的风险指标数据，网络通过前馈计算判断、抽取并表达输入数据的特征，通过逐层传播，实现一个不断降维的过程，从而使得对数据的表示越来越抽象，最终能够用来预测结果。样本矿业国家的风险等级就是一个十分复杂并且抽象的结果，需要多种特征组合起来进行判断，最后得出五级风险划分。对本节来说就是将输入数据从多维逐层降低到 5 维的过程。

以一个 L 层的风险评价深度网络为例，用下面的记号来描述网络：

- L：表示风险评价深度网络的层数；
- n^l：表示第 l 层风险评价特征值的个数；

- $f_l(\cdot)$：表示 l 层风险评价特征值的激活函数；

- $W^{(l)} \in R^{n^l \times n^{l-1}}$：表示 $l-1$ 层到第 l 层的权重矩阵；

- $b^{(l)} \in R^{n^l}$：表示 $l-1$ 层到第 l 层的偏置；

- $z^{(l)} \in R^{n^l}$：表示 l 层风险评价特征值的状态；

- $a^{(l)} \in R^{n^l}$：表示 l 层风险评价特征值的活性值。

则深度网络通过下面的计算公式进行信息的前馈传播

$$z^{(l)} = W^{(l)} \cdot a^{(l-1)} + b^{(l)} \tag{4-5}$$

$$a^{(l)} = f_l(z^{(l)}) \tag{4-6}$$

上述两个公式亦可合并为：

$$z^{(l)} = W^{(l)} \cdot f_l(z^{(l-1)}) + b^{(l)} \tag{4-7}$$

深度网络可以通过逐层的信息传递，得到网络最后的输出 a^L。

$$x = a^{(0)} \to z^{(1)} \to a^{(1)} \to z^{(2)} \to \cdots \to a^{(L-1)} \to z^{(L)} \to a^{(L)} = y \tag{4-8}$$

4.3.2 误差的反向传播

深度学习网络本身具有自我学习特征的能力，如果数据量足够大，甚至可以从无标签的数据中学习特征。但是由于矿业投资目标国数据量的局限性，使用无标签数据进行训练无法获得很好的效果，因此本文通过有标签的数据进行训练。

给定一组样本 $x^{(i)}$，$y^{(i)}$，$l \le i \le N$，经前馈传播后网络的输出为 $f(x \mid w, b)$，目标函数为：

$$J(W, b) = \sum_{i=1}^{N} L(y^{(i)}, f(x^{(i)} \mid W, b)) + \frac{1}{2}\lambda \|W\|_F^2 \tag{4-9}$$

$$= \sum_{i=1}^{N} J(W, b; x^{(i)}, y^{(i)}) + \frac{1}{2}\lambda \|W\|_F^2 \tag{4-10}$$

这里，W 和 b 包含了每一层的权重矩阵和偏置向量，

$$\|W\|_F^2 = \sum_{l=1}^{L} \sum_{j=1}^{n^{l+1}} \sum_{j=1}^{n^l} W_{ij}^{(l)} \tag{4-11}$$

我们的目标是最小化 $J(W, b; x, y)$，亦即使得风险评价深度网

络的输出结果与标注数据的标注值误差达到最小。这一目标可通过运用梯度下降法，用如下方法更新参数，并多次迭代实现：

$$W^{(l)} = W^{(l)} - \alpha \frac{\partial J(W, b)}{\partial W^{(l)}} \qquad (4-12)$$

$$= W^{(l)} - \alpha \sum_{i=1}^{N} \left(\frac{\partial J(W, b; x^{(i)}, y^{(i)})}{\partial W^{(l)}} \right) - \lambda W \qquad (4-13)$$

$$b^{(l)} = b^{(l)} - \alpha \frac{\partial J(W, b; x^{(i)}, y^{(i)})}{\partial b^{(l)}} \qquad (4-14)$$

$$= b^{(l)} - \alpha \sum_{i=1}^{N} \left(\frac{\partial J(W, b; x^{(i)}, y^{(i)})}{\partial b^{(l)}} \right) \qquad (4-15)$$

这里 α 是参数的更新率。根据链式法则，$\dfrac{\partial J(W, b; x, y)}{\partial W^{(l)}}$ 可以写为

$$\frac{\partial J(W, b; x, y)}{\partial W_{ij}^{(l)}} = tr\left(\left(\frac{\partial J(W, b; x, y)}{\partial z^{(l)}} \right)^T \frac{\partial z^{(l)}}{\partial W_{ij}^{(l)}} \right) \qquad (4-16)$$

对于第 l 层，我们定义一个误差项 $\delta^{(l)} = \dfrac{\partial J(W, b; x, y)}{\partial z^{(l)}} \in R^{n^{(l)}}$ 为目标函数关于第 l 层的特征值 $z^{(l)}$ 的偏导数，来表示第 l 层的特征值对最终误差的影响。$\delta^{(l)}$ 也反映了最终的输出对第 l 层的特征值对最终误差的敏感程度。

根据上面的公式，因为 $z^{(l)} = W^{(l)} \cdot a^{(l-1)} + b^{(l)}$，所以

$$\frac{\partial z^{(l)}}{\partial W_{ij}^{(l)}} = \frac{\partial(W^{(l)} \cdot a^{(l-1)} + b^{(l)})}{\partial W_{ij}^{(l)}} = \begin{bmatrix} 0 \\ \vdots \\ a_j^{(l-1)} \\ \vdots \\ 0 \end{bmatrix} \leftarrow \text{第 } i \text{ 行} \qquad (4-17)$$

因此有

$$\frac{\partial J(W, b; x, y)}{\partial W_{ij}^{(l)}} = \delta_i^{(l)} a_j^{(l-1)} \qquad (4-18)$$

$$\frac{\partial J(W,\ b;\ x,\ y)}{\partial W^{(l)}} = \delta^{(l)}(a^{(l-1)})^T \qquad (4-19)$$

同理可得

$$\frac{\partial J(W,\ b;\ x,\ y)}{\partial b^{(l)}} = \delta^{(l)} \qquad (4-20)$$

第 l 层的误差项 $\delta^{(l)}$

$$\delta^{(l)} \xrightarrow{\triangle} \frac{\partial J(W,\ b;\ x,\ y)}{\partial z^{(l)}} \qquad (4-21)$$

$$= \frac{\partial a^{(l)}}{\partial z^{(l)}} \cdot \frac{\partial z^{(l+1)}}{\partial a^{(l)}} \cdot \frac{\partial J(W,\ b;\ x,\ y)}{\partial z^{(l+1)}} \qquad (4-22)$$

$$= \mathrm{diag}(f'_l(z^{(l)})) \cdot (W^{(l+1)})^T \cdot \delta^{(l+1)} \qquad (4-23)$$

$$= f'_l(z^{(l)}) \odot (W^{(l+1)})^T \cdot \delta^{(l+1)} \qquad (4-24)$$

其中⊙是向量的点积运算符，表示每个元素相乘。

上述推导中，关键是阴影部分公式（4-22）的推导。公式中有三项，第三项根据定义为 $\delta^{(l+1)}$。第二项因为 $z^{(l+1)} = W^{(l+1)} \cdot a^{(l)} + b^{(l)}$，所以

$$\frac{\partial z^{(l+1)}}{\partial a^{(l)}} = (W^{(l+1)})^T \qquad (4-25)$$

第一项因为 $a^{(l)} = f_l(z^{(l)})$，而 $f_l(\cdot)$ 为按位计算的函数，因此

$$\frac{\partial a^{(l)}}{\partial z^{(l)}} = \frac{\partial f_l(z^{(l)})}{\partial z^{(l)}} \qquad (4-26)$$

$$= \mathrm{diag}(f'_l(z^{(l)})) \qquad (4-27)$$

从公式（4-24）可以看出，第 l 层的误差项可以通过第 $l+1$ 层的误差项计算得到。这就是误差的反向传播，其含义是：第 l 层的一个特征值的误差项是所有与该特征值相连的第 $l+1$ 层的特征值的误差项的权重和。然后，再乘上该特征值（神经元）激活函数的梯度。

在计算出每一层的误差项之后，就可以得到每一层参数的梯度。因此，深度网络的训练过程可以分为以下三步：首先前馈计算每一层的状态和激活值，直到最后一层；其次反向传播计算每一层的误差；最

后计算每一层参数的偏导数，并更新参数。具体训练过程如表 4 - 1 所示。

表 4 - 1　　　　　　矿业境外投资风险评价深度网络算法

算法：

输入：训练集 $(x^{(i)}, y^{(i)})$，$i = 1, \cdots, N$，最大迭代次数：T
输出：W, b
1 初始化 W, b；
2　for $t = 1 \cdots T$ do
3　　for $i = 1 \cdots N$ do
4　　　（1）前馈计算每一层的状态和激活值，直到最后一层；
5　　　（2）反向传播计算每一层的误差 $\delta^{(l)}$
6　　　（3）计算每一层参数的导数：
7
$$\frac{\partial J(W, b; x^{(i)}, y^{(i)})}{\partial W^{(l)}} = \delta^{(l)}(a^{(l-1)})^T$$
8
$$\frac{\partial J(W, b; x^{(i)}, y^{(i)})}{\partial b^{(l)}} = \delta^{(l)}$$
9　　　（4）更新参数：
10
$$W^{(l)} = W^{(l)} - \alpha \sum_{i=1}^{N} \left(\frac{\partial J(W, b; x^{(i)}, y^{(i)})}{\partial W^{(l)}} \right) - \lambda W$$
11
$$b^{(l)} = b^{(l)} - \alpha \sum_{i=1}^{N} \left(\frac{\partial J(W, b; x^{(i)}, y^{(i)})}{\partial b^{(l)}} \right)$$
12　　end
13　end

4.3.3　网络激活函数设置

为了增强网络的表达能力，在深度网络的前馈计算以及误差的反向传播中均需要引入连续的非线性激活函数（activation function）。传统神经网络中最常用的激活函数是 sigmoid 型函数，包括 logistic 函数和 tanh 函数，如图 4 - 7、图 4 - 8 所示。

$$\text{logistic}(x) = \frac{1}{1 + e^{-x}} \tag{4-28}$$

$$\tanh(x) = \frac{e^x - e^{-x}}{e^x + e^{-x}} \tag{4-29}$$

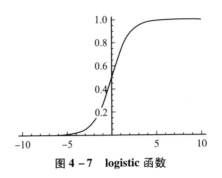

图 4 - 7　logistic 函数

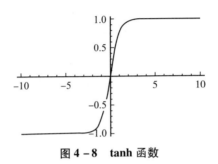

图 4 - 8　tanh 函数

　　如图 4 - 7 和图 4 - 8 所示, sigmoid 型函数对中央区的信号增益较大, 对两侧区的信号增益小, 在信号的特征空间映射上, 有很好的效果。从神经科学上看, 两端酷似神经抑制态, 中央区酷似神经兴奋态。和感知器的阶跃激活函数 (- 1/1, 0/1) 相比, sigmoid 型函数与生物神经元的特性更为相像, 也具有更好的数学性质。

　　但存在的问题是, 深度网络中, 误差从输出层反向传播时, 在每一层都要乘以该层的激活函数的导数: $\delta^{(l)} = f'_l(z^{(l)}) \odot (W^{(l+1)})^T \cdot \delta^{(l+1)}$, 使用 logistic 函数和 tanh 函数时, 其导数为

$$\text{logistic}'(x) = \text{logistic}(x)(1 - \text{logistic}(x)) \in [0, 0.25] \quad (4 - 30)$$

$$\text{tanh}'(x) = 1 - (\text{tanh}(x))^2 \in [0, 1] \quad (4 - 31)$$

值域都小于 1。这样误差经过每一层传递都会不断衰减。当网络层数很深时, 梯度就会不停地衰减, 甚至消失, 使得整个网络很难训练, 即所谓梯度消失 (vanishing gradient problem), 亦称梯度弥散。

为解决梯度消失问题，在风险评价模型中我们尝试使用 ReLU 激活函数（the rectified linear unit，即修正线性单元），如图 4 - 9 所示，其表达式为：

$$f(x) = \max(0, x) = \begin{cases} 0, & if\ x \leqslant 0 \\ x, & if\ x > 0 \end{cases} \tag{4-32}$$

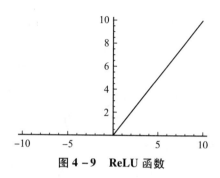

图 4 - 9　ReLU 函数

其导数为：

$$f'(x) = \begin{cases} 1, & if\ x > 0 \\ 0, & if\ x \leqslant 0 \end{cases} \tag{4-33}$$

相比 sigmoid 型函数，Relu 激活函数的优点在于：①梯度计算公式为：$1\{x > 0\}$；$0\{x < 0\}$。即当 $x > 0$ 时，梯度恒为 1，因此在反向传播过程中，减轻了梯度弥散的问题；当 $x < 0$ 时，输出恒为 0，能够增加网络稀疏性，提高泛化能力。②数学表达式简练，便于运算。前馈传播过程中，sigmoid 型函数计算激活值时需要计算指数，而 Relu 函数仅需要设置阈值，加快了正向传播的计算速度；③Relu 函数具有单侧抑制，相对宽阔的兴奋边界和稀疏激活性（见图 4 - 9），有利于加快收敛速度。

4.4 本 章 小 结

深度学习具有强烈的数据驱动特点，善于发现高维度数据中的复杂结构。常用的深度学习模型有深度神经网络（DNN）、卷积神经网络（CNN）、深度置信网络（DBN）和循环神经网络（RNN）等。在这几种常见的结构中，由于 DNN 特征提取能力强、模型结构简单、训练难度小、收敛速度快，结合矿业境外投资风险因素数据广泛而复杂，样本采集困难，数量较小的特点，考虑风险评价要求，本章采用 DNN 构建深度学习模型。总体思路是：构建基于深度神经网络的风险评价模型；选择合适的训练样本，确定输入值和学习标签；运用 MATLAB 软件对训练样本按照深度网络算法进行迭代和处理，确定深度网络的权值等相关参数，最终确定模型；最后利用测试样本对该模型进行风险评价能力检验。本章任务是对模型进行初始设计，主要完成了下列两项工作：

一是设定样本特征数据集和样本标签数据集矩阵，明确输入值和输出值之间的映射关系。矿业境外投资受到诸如矿产资源、经济金融、政治宗教、制度运营、社区劳工、基础资源和环境保护等风险的影响，而这些风险可以根据其特征和属性量化为相应的风险指标，各个投资目标国历年的这些风险特征即构成模型的输入值，亦即样本特征数据集 X，同时我们把样本国家矿业勘探开发总体风险分为五个风险等级，对应 5 个标签类别数 Y，对应模型的输出值，则可将矿业企业投资风险的评价定义为寻找映射 $X{\rightarrow}Y$ 的问题。

二是设计了深度学习网络模型的拓扑结构，包括网络的前馈计算，误差的反向传播算法以及激活函数的选择和设置等。在风险评价模型中首先前馈计算每一层的状态和激活值，输入选定国家和地区各年的风险指标数据，网络通过前馈计算判断、抽取并表达输入数据的特征，通过逐层传播，实现一个不断降维的过程，从而使得对数据的表示越来越抽象，最终能够用来预测结果。样本国家的风险等级就是一个十分复杂并且抽象的结果，需要多种特征组合起来进行判断，最后得出五级风险划分，对本章来说就是将输入数据从多维逐层降低到 5 维的过程。为使得风险评价深度网络的输出结果与标签数据的标注值（风险值）误差达到最小，在完成前馈计算后，模型通过运用梯度下降法，设定算法，反向传播每一层的误差，计算每一层参数的偏导数，最终通过大量的反复的训练，多次迭代实现参数的更新。为解决梯度弥散问题，在风险评价模型中我们尝试使用 ReLU 激活函数，以加快模型的收敛速度。

第 5 章

矿业境外投资风险评价深度
学习模型的训练与确定

本章结合第 3 章对矿业境外投资风险影响因素的分析以及第 4 章风险评价深度学习网络算法和函数的设计，选择适当的国家和地区作为样本，采集风险特征数据作为输入值，以弗雷泽研究所风险评价为学习标签，对深度学习网络进行反复大量训练，最终求解网络参数，确立矿业境外投资风险评价模型，并检验评价结果。

在训练深度学习模型用来进行矿业境外投资风险评价时，主要的挑战在于数据量不足。为解决这一问题，本章对深度学习模型进行了改进，提出基于迁移学习方式来解决样本数据量不足的问题，使用具有很强同质性但更易获取的 A 股上市公司财务风险评价作为源域数据来增强目标域模型的训练，解决样本数量较少情况下网络参数的过拟合问题。

5.1　样本的选取与风险数据集确定

5.1.1　样本的选取

本研究以弗雷泽研究所风险评价结果为学习标签，对深度学习网络进行训练。弗雷泽 2017 年报告中涉及 91 个，2016 年报告则覆盖

104 个国家和地区，囿于研究条件的限制，我们以弗雷泽报告中 2009～2016 年数据具有延续性和一致性的国家和地区为研究对象，并考虑如下因素，从中选取了 21 个国家作为研究对象，形成两个样本子集——训练子集和测试子集：第一，这些国家是矿业投资密集、矿产资源丰富的传统矿业国家；第二，考虑了地理和风险评价等级分布的代表性，覆盖了除南极洲以外的六个大洲和 5 个风险评价等级。选取的主要国家如表 5－1 所示。

表 5－1　　　　　　　　　　　样本国家和地区一览

序号	国家名称	序号	国家名称
北美洲：		拉丁美洲③：	
1	美国（The United States of America）	11	阿根廷 Argentina
2	加拿大（Canada）	12	秘鲁 Peru
欧洲：		13	巴西 Brazil
3	俄罗斯①Russia	14	智利 Chile
4	芬兰 Finland	15	洪都拉斯 Honduras
5	瑞典 Sweden	16	危地马拉 Guatemala
6	土耳其 Turkey②	非洲：	
亚洲：		17	赞比亚 Zambia
7	哈萨克斯坦 Kazakhstan	18	刚果（金）④
8	印度尼西亚 Indonesia	19	南非 South Africa
9	菲律宾 Philippines	20	坦桑尼亚 Tanzania
10	印度 India	大洋洲：	
		21	澳大利亚 Australia

注：①俄罗斯联邦，简称俄罗斯（根据外交部网站）。

②土耳其在地理位置上横跨亚欧大陆，绝大部分领土在亚洲范围，但考虑到其经济、政治文化中心在欧洲，表中参考了自然资源部全球地质矿产信息系统和弗雷泽研究所的地域划分，将其归类于欧洲国家。

③根据地理位置和行政区划，美洲地区以巴拿马运河为界分为北美洲（北亚美利加洲）和南美洲（南亚美利加洲），但考虑到语言、文化习俗以及社会经济发展水平的同质性，把美国以南的美洲地区统称拉丁美洲，划为一个国家集群。

④样本中的刚果（金），指刚果民主共和国（The Democratic Republic of the Congo, DRC），简称刚果（金）（根据外交部网站）。

具体地讲，考虑到 2008 年以前的数据部分难以取得或者核算口径不一致，而 2017 年部分数据尚未报出，我们将模型的样本集确定为：上述 21 个国家 2009 ~ 2016 年历年的风险特征数据，最终选取样本 168 份，共 4 872 个特征值。其中，以上述国家 2009 ~ 2014 年数据作为训练样本子集，得到 126 份训练样本，3 654 个特征值用于网络训练；上述 21 个国家 2015 年和 2016 年两年的数据作为测试样本子集，共计 42 份测试样本，1 218 个特征值用于网络测试。

5.1.2 风险特征数据集的确定

深度学习模型的输入值，即样本特征数据集 X（矩阵排列见 4.2.1），如上所述，确定为 21 个矿业国家 8 年共 168 份样本的矿业境外投资风险明细指标，共 4 872 个特征值。矿业境外投资风险明细指标根据第 3 章分析确定并赋值，考虑深度模型本身具有识别高维度数据中的复杂数据结构，并层层抽取特征实现降维的功能，只需选取最底层明细指标，并选取了尽量多的风险指标，如表 5 - 2 所示。

表 5 - 2　矿业境外投资风险评价深度学习模型采用的指标体系

序号	指标名称	计算依据	数据来源	指标解释
1	资源开采	矿石和金属出口/商品出口	世界银行	开采出口量越大，风险越小
2	资源潜力	最佳实践矿产资源潜力指数	弗雷泽研究所	矿产资源潜力越大，风险越小
3	社会稳定	WGI 政治稳定和非暴力指数	世界银行	社会稳定程度越高，风险越小
4	社会治安	谋杀犯罪率	联合国毒品和犯罪问题办公室	犯罪率越低，风险越小
5	经济增长	GDP 增长率 - 通货膨胀率	世界银行	经济实际增长率越高，风险越小

续表

序号	指标名称	计算依据	数据来源	指标解释
6	通货膨胀	WGI 年度通货膨胀率	世界银行	一定程度内通货膨胀越低，风险越小
7	信贷体系	金融系统监管资本/风险加权资产	国际货币基金组织	自有资本充足率越大，对风险资产保障程度越高，风险越小
8	利率波动	短期利率相邻两年差绝对值	国际货币基金组织	波动越小，风险越小
9	兑换汇回	根据外汇兑换汇回限制评分	国际货币基金组织	越容易兑换汇回，风险越小
10	汇率波动	汇率波动率 =（当期对美元汇率 - 上期对美元汇率）/上期对美元汇率 ×100%	国际货币基金组织世界银行	波动越小，风险越小
11	税费课目	DB 纳税数量	世界银行	税目越少，风险越小
12	总税率	DB 总体税负占利润的比重	世界银行	税费率越小，风险越小
13	法律体系	根据法律体系完善程度评分	商务部	法律体系越健全，风险越小
14	执法能力	WGI 政府效率指数	世界银行	政府效率越高，风险越小
15	社会信用	DB 合同执行情况指数	世界银行	社会信用程度越高，风险越小
16	产权登记	DB 产权登记 DTF 指数	世界银行	产权登记和土地管理效率越高，风险越小
17	合作伙伴	DB 董事责任指数	世界银行	合作伙伴越遵守合约，风险越小
18	信息披露	WGI 企业信息披露程度指数	世界银行	企业信息披露越详尽，风险越小

序号	指标名称	计算依据	数据来源	指标解释
19	外资持股	根据外资企业持股限制评分	外交部、商务部	外资持股限制越少，风险越小
20	矿权获处	根据企业获取和处置矿权的难易程度评分	安永矿业报告目标国政府网站	矿权获得和处置越容易，风险越小
21	冶炼要求	根据矿产品直接出口限制及本土冶炼加工要求程度评分	安永矿业报告目标国政府网站	限制越少，风险越小
22	社区诉求	根据社区对矿业企业的社会责任诉求程度评分	弗雷泽研究所商务部	社区诉求越少，风险越小
23	劳工政策	劳动收入占 GDP 比重	联合国国际劳工组织	政策限制越少，风险越小
24	罢工风险	年罢工总次数	联合国国际劳工组织	罢工情况越少，风险越小
25	基础设施	国家基础设施指数	世界经济论坛全球竞争报告	基础设施建设越好，风险越小
26	能源电力	DB 能源电力获得性指数	世界银行	能源电力越容易获得，风险越小
27	医疗卫生	WGI 每 10 万人肺结核患病率	世界银行	医疗卫生条件越好，风险越小
28	通信条件	使用互联网人数占比	联合国国际电信联盟	通信条件越好，风险越小
29	环境执法	环保意识与环境执法力度	商务部	环境执法力度越低，风险越小

5.1.3 风险标签数据集的确定

对于作为深度学习模型输出端的 Y 集（矩阵排列见 4.2.2），我们选取在调查研究领域具有广泛影响力的弗雷泽研究所年度矿业研究报告中对选定国家和地区投资吸引力指数（investment attractiveness index）的评价结果，根据其打分划分为 5 个风险等级，作为模型输出端的目标值（标签或学习榜样），进行网络训练和测试。

　　弗雷泽研究所成立于 1974 年，是加拿大知名智库机构，总部设在温哥华，在美加地区设有 4 个分所，根据 2018 年 1 月 30 日宾夕法尼亚大学发布的《全球智库报告 2017》，弗雷泽研究所在加拿大 100 个智库机构中排名第一位，在全球 7 815 个顶级智库机构中排名第 21 位，主要研究领域涉及能源、经济、教育、医疗、税收、环境等众多领域。该所从 1997 年开始对世界主要国家和地区矿业投资风险开展调查并发布年度矿业企业调研报告（*Annual Survey of Mining Companies*），主要通过向全球主要矿业公司发放调查问卷的形式完成调查。他们每年面向全球矿业勘探、开采以及咨询行业主要公司的总经理、经理、高级顾问和其他管理层等发放上千份问卷，调查他们对 15 个矿业投资影响因素的风险评价，最终汇总进行统计分析，形成矿业投资吸引力等综合评价指数，调查结果具有较强的代表性和权威性。

　　随着我国矿业境外投资的发展，建立我国自己的风险评价数据库迫在眉睫。主要体现在，一是弗雷泽研究报告覆盖的国家和地区和我国矿业主要投资目标国有一定偏差，尤其随着"一带一路"政策的开展和执行，对一些未能被弗雷泽报告覆盖的一带一路沿线国家，需要构建我国独立评价系统进行投资风险评估；二是在"学习"弗雷泽评价结果，构建评价模型的基础上，可以根据我国对外交往的特质和政策进一步进行指标的调整和修正，构建适合我国特色的独立的评价平台。另外，弗雷泽研究报告的调查网络需要多年的积累形成，目前我们尚不具备这样的客观条件，但考虑到调研对象，即全球主要矿业公司主管等进行主观评价时，主要基于自己在投资项目实践中的印象进行主观评价，而这些印象的形成，其实也仍然是由于投资东道国经济、社会形势、政策倾向、基础设施、社区劳工、资源分布和品位等投资风险因素影响导致，所以，本研究尝试通过"深度学习"这一方法，在风险因素和评价结果之间建立直接的映射关系，为后续我国矿业境外投资进行独立的风险评价奠定基础。

我们模仿气象灾害的风险等级,将矿业企业境外勘探开发总体风险分为Ⅰ、Ⅱ、Ⅲ、Ⅳ、Ⅴ五个风险区域,分别代表从高到低的风险提示。根据弗雷泽矿业投资吸引力指数,81~100分为Ⅴ级风险区域,61~80分为Ⅳ级风险区域,41~60分为Ⅲ级风险区域,21~40分提示Ⅱ级风险区域,0~20分为Ⅰ级风险区域。这五个风险区域,对应5个标签类别数。

5.2 样本国家风险特征数据采集

5.2.1 北美洲国家集群

北美洲位于西半球北部。东临大西洋,西临太平洋,北濒北冰洋,南以巴拿马运河为界与南美洲相分。北美洲面积2 422.8万平方公里(包括附近岛屿),约占世界陆地总面积的16.2%,是世界第3大洲[①]。人口5.3794亿(截至2018年10月),居世界第四位。主要国家包括美国、加拿大、墨西哥、古巴以及加勒比海地区的众多国家。北美洲是经济比较发达的大洲之一,第一产业、第二产业、第三产业都比较发达[②]。考虑到语言、文化习俗以及社会经济发展水平的同质性,为方便分析,我们在研究中选取美国和加拿大作为北美国家样本,把美国以南的美洲地区统称拉丁美洲,划为另一个国家集群。

美国、加拿大矿产资源种类多样储量丰富,矿业投资环境比较稳定。美国的煤、溴、钼、硼、天然碱、硫酸钠等非金属矿储量世界领先;铜、镉、金、银、铅、锌、钇、稀土、磷、铁、碘、重晶石、石

---

① 李树藩. 各国国家地理[M]. 长春出版社,2007.
② 根据外交部(https://www.mfa.gov.cn)、世界银行(https://www.worldbank.org)网站相关信息整理。

油、天然气储量居世界前列。加拿大的钾盐探明储量世界第一，碳酸钾、镍、铀、锌、铝、钴、铜、钻石、石棉、钛精矿、钼、镉、铂族金属、石膏等矿产产量均居世界前列①。

　　这两个国家经济发展水平较高，法律法规完善，社会面较为稳定，矿权转移规定明晰，基础设施条件良好，矿业投资环境相对较好。但同时该地区对矿业活动的环保评估要求高，劳动力不够充足且日常活动受到工会的影响，需考虑劳动力要素成本问题；同时矿业活动区一般位于偏远地区，一些地区地处原住民区域，部分矿区设施也有改进的需要。表 5 – 3 反映了美国和加拿大的各项风险数据，数据根据表 5 – 2 设定的指标赋值标准和来源采集并测算得到（详见章节 3.4），因篇幅限制，只列示了 2016 年的情况，其余各年（2009 ~ 2015）数据见附表 1 ~ 附表 21（下同）。

表 5 – 3　　　北美洲国家集群 2016 年矿业投资风险指标数据

风险指标	美国		加拿大	
	数据	风险分值	数据	风险分值
资源开采	2.76	10.0	7.11	9.5
资源潜力	69.97	4.0	73.57	3.0
社会稳定	0.40	5.0	1.26	3.0
社会治安	4.88	4.5	1.68	1.5
经济增长	1.49	3.5	1.41	3.5
通货膨胀	1.30	0.0	1.43	0.0
信贷体系	14.19	6.0	14.77	6.0
利率变动	0.25	2.0	0.075	2.0
兑换汇回	4.00	4.0	4.00	4.0
汇率变动	0.00	5.0	0.036	5.0

---

　　①　资料来源：自然资源部全球地质矿产信息系统。

续表

风险指标	美国		加拿大	
	数据	风险分值	数据	风险分值
税费课目	10.60	1.0	8.00	1.0
总税率	71.61	2.0	100.00	0.0
法律体系	2.00	2.0	4.00	4.0
执法能力	0.22	5.0	0.22	5.0
社会信用	73.16	3.5	56.75	5.0
产权登记	83.32	2.5	81.87	2.5
合作伙伴	8.60	2.0	9.00	1.0
信息披露	7.40	3.0	8.00	2.0
外资持股	2.00	2.0	4.00	4.0
矿权获处	4.00	4.0	4.00	4.0
冶炼要求	6.00	6.0	4.00	4.0
社区诉求	4.00	4.0	4.00	4.0
劳工政策	57.20	9.0	56.30	9.0
罢工风险	12.00	2.0	189.00	4.0
基础设施	5.94	0.0	5.70	0.0
能源电力	79.52	3.0	60.01	5.0
医疗卫生	3.10	0.0	5.20	0.0
通信条件	76.18	3.0	91.16	1.0
环境执法	8.00	8.0	8.00	8.0

5.2.2 欧洲国家集群

欧洲西临大西洋，北靠北冰洋，南隔地中海和直布罗陀海峡与非洲大陆相望，东与亚洲大陆相连。面积 1 016 万平方公里，在地理上分为北欧、南欧、西欧、中欧和东欧五个区域。欧洲海湾众多，海运十分发达，以平原为主，大部地区属温带海洋性气候。它是人口密度较大的一洲，经济发展水平较高，工业、商业贸易、交通运输、金融保险等领域均在世界经济中占重要地位。科学技术若干领域也处于世界领先水平。

欧洲地区总体矿产资源储量一般，分布并不均衡。俄罗斯是欧洲的资源大国，矿产资源丰富，资源潜力大。天然气资源量居世界第一位，煤、钾盐、铂族金属、金刚石、石油、铁、铜、铝、镍、铅、锌、钴、钒、钛、铬资源量均占世界前列，此外锡、霞石、金刚石、水银、镁、云母、钨、金银等金属非金属矿产资源也十分丰富。总体而言，俄罗斯矿产资源储藏优厚，基础设施较为完备，科技基础雄厚。资源出口在国民经济中占比较高，具有较强的矿业合作需求。

芬兰和瑞典是欧盟重要矿产资源产地。芬兰地处北欧，大部分地区属于欧洲前寒武纪岩层覆盖的芬诺斯堪底亚地盾，优势矿产主要有铜、镍、金、铁、铬、锌、铂族元素、铀和金刚石等，以及碳酸盐、磷灰石、滑石等工业矿物。矿产资源丰富，且仍有大量矿床未经开发，矿业具有较大发展潜力。瑞典已探明铁矿储量为36.5亿吨，且多为富矿，是欧洲较大的铁矿砂出口国。金、锌和银矿产量居欧盟第二位，铅矿、铜矿产量居欧盟第三位。两国矿业投资优势是社会稳定，管理清廉高效，法律体系完善，审批程序透明。但总体来看，欧盟国家已经过了工矿业最为发达的工业化高速增长时期，目前整体宏观经济不振，矿业投资低迷，且劳动保护严格，用工成本高企，环保标准全球最高，增加了矿业投资成本。

土耳其是一个横跨欧亚两大洲的国家，地处世界重要成矿带特提斯—欧亚成矿带上，矿产资源比较丰富，拥有硼、铬铁、铜、铝矾土及煤炭等多种矿产资源，其中硼储量居世界首位，铬储量也居世界前列。土耳其矿业法律法规完善，矿业税费较低，外汇政策宽松，基础设施较好，劳动力资源丰富。2015～2016年受经济政治局势影响，里拉对美元出现大幅贬值。

表5-4反映了欧洲四国2016年的各项风险数据。

表 5 – 4   欧洲国家集群 2016 年矿业投资风险指标数据

风险指标	俄罗斯		芬兰		瑞典		土耳其	
	数据	风险分值	数据	风险分值	数据	风险分值	数据	风险分值
资源开采	6.648	9.5	4.91	10.0	4.04	10.0	3.885	10.0
资源潜力	72.22	3.0	77.50	3.0	75.00	3.0	64.71	4.0
社会稳定	−0.95	7.0	1.00	4.0	1.02	4.0	−2.01	10
社会治安	11.13	10.0	1.60	1.5	1.00	0.5	4.3	4.0
经济增长	−0.22	5.0	2.14	2.5	3.23	1.5	3.18	1.5
通货膨胀	7.05	2.0	0.36	0.0	0.98	0.0	7.78	2.0
信贷体系	13.07	6.5	23.34	4.5	26.82	4.0	15.57	6.0
利率变动	3.119	10.0	0.31	2.0	0.21	2.0	1.52	8.0
兑换汇回	4.00	4.0	2.00	2.0	2.00	2.0	4.00	4.0
汇率变动	0.10	5.5	−0.0017	10.0	0.02	5.0	0.11	5.5
税费课目	7.00	1.0	8.00	1.0	6.00	1.0	11.00	1.5
总税率	69.71	2.0	83.29	1.0	66.66	3.0	78.67	2.0
法律体系	4.00	4.0	2.00	2.0	2.00	2.0	4.00	4.0
执法能力	0.20	5.0	0.22	5.0	0.22	5.0	0.19	5.0
社会信用	74.64	3.5	70.45	3.5	68.30	4.0	63.86	4.5
产权登记	88.86	2.0	78.19	3.0	88.47	6.0	73.44	3.5
合作伙伴	2.00	8.0	4.00	6.0	4.00	6.0	5.00	5.0
信息披露	6.00	4.0	6.00	4.0	8.00	2.0	9.00	1.0
外资持股	4.00	4.0	2.00	2.0	2.00	2.0	2.00	2.0
矿权获处	4.00	4.0	4.00	4.0	4.00	4.0	4.00	4.0
冶炼要求	4.00	4.0	6.00	6.0	6.00	6.0	4.00	4.0
社区诉求	4.00	4.0	2.00	2.0	2.00	2.0	4.00	4.0
劳工政策	47.90	7.0	55.00	9.0	49.00	7.0	50.30	8.0
罢工风险	3.00	1.0	69.00	3.0	11.00	2.0	21.00	2.0
基础设施	3.61	4.0	5.34	1.0	5.58	0.0	4.42	3.0
能源电力	78.96	3.0	85.29	2.0	94.43	1.0	86.61	2.0
医疗卫生	66.00	6.0	4.70	0.0	8.20	1.0	18.00	3.0

续表

风险指标	俄罗斯		芬兰		瑞典		土耳其	
	数据	风险分值	数据	风险分值	数据	风险分值	数据	风险分值
通信条件	73.09	3.0	87.70	2.0	89.65	2.0	58.35	5.0
环境执法	6.00	6.0	10.00	10.0	10.00	10.0	4.00	4.0

5.2.3　亚洲国家集群

亚洲东面太平洋、北临北冰洋，南濒印度洋，西面与欧洲分界，西南面和非洲相邻，面积 4 400 万平方公里，占世界陆地总面积的 1/3，是七大洲中面积最大、人口最多的一个洲。

亚洲地区平均海拔 950 米，地势高而类型复杂。复杂的成矿条件和良好的成矿背景，使得该区域矿产资源十分丰富，成为矿物原材料的主要供给基地。其中哈萨克斯坦地处中亚，拥有丰富的矿产资源，石油、天然气、铬、铼、镉、煤、铀、锌、铅、金等资源的探明储量均居世界前列。砷、锰、石棉、重晶石的储量亦较大。印度尼西亚是东南亚重要的矿业国家，地处特提斯成矿域东南端和环太平洋成矿域以及印度—澳大利亚成矿域交汇地，成矿地质条件较好，矿产资源种类齐全。其煤、铜、铝土、金、镍、锡等矿产资源在全球占重要地位，是第二大煤炭出口国。菲律宾地处环太平洋火山地震带，成矿地质条件较好，是金属矿产资源禀赋优厚的国家。优势矿种有铜、镍、金、铝土、铬铁等，单位面积储量在全球名列前茅。矿产资源开发程度较低，含矿土地中，只有约 2% 获得了开采许可，资源潜力巨大。印度位于亚洲南部，是世界第二人口大国，矿产资源有煤、石油、天然气等能源矿产，铁、锌、金、铜、镁等金属矿产，云母、大理石、花岗石、石灰石等非金属矿产以及部分稀有金属。其中煤、铁矿石和云母等产量居世界前五。由于很多矿山为露天开采。环保问题成为印度采矿业面临的一大挑战。

　　总体而言，亚洲主要矿业国家因其矿产资源丰富，矿业占有重要地位。但是受产业水平、资金、技术、人员等客观条件的限制，大多数国家矿业发展水平仍处于初级阶段，出口的矿产品仍以低附加值原材料为主。各国经济发展和社会治理水平存在差距，部分国家产业结构较为单一。总体而言矿业投资政策不确定性风险较大。表 5 – 5 反映了亚洲四国 2016 年的各项风险数据。

表 5 – 5　　　　　亚洲国家集群 2016 年矿业投资风险指标数据

风险指标	哈萨克斯坦		印度尼西亚		菲律宾		印度	
	数据	分值	数据	分值	数据	分值	数据	分值
资源开采	14.77	9.0	5.72	9.5	4.05	10.0	3.07	10.0
资源潜力	64.29	4.0	63.64	4.0	79.17	3.0	37.50	7.0
社会稳定	0.01	6.0	-0.37	6.0	-1.38	8.0	-0.95	7.0
社会治安	4.84	10.0	0.50	0.0	9.84	9.5	3.21	10.0
经济增长	1.10	3.5	5.03	3.5	6.88	0.0	7.11	0.0
通货膨胀	14.51	4.0	3.526	1.0	1.77	0.0	4.94	1.5
信贷体系	16.35	5.5	22.69	4.5	14.46	6.0	12.97	6.5
利率变动	5.40	10.0	0.77	4.0	0.064	2.0	0.3358	2.0
兑换汇回	4.00	4.0	4.00	4.0	4.00	4.0	6.00	6.0
汇率变动	0.54	10.0	-0.0068	10.0	0.044	5.0	0.048	5.0
税费课目	7.00	1.0	43.00	4.5	28.00	3.0	27.00	3.0
总税率	95.68	0.0	94.93	0.0	75.95	2.0	56.70	4.0
法律体系	4.00	4.0	6.00	6.0	4.00	4.0	6.00	6.0
执法能力	0.20	5.0	0.19	5.0	0.19	5.0	0.19	5.0
社会信用	71.97	3.5	43.21	6.5	48.74	6.0	29.04	8.0
产权登记	93.76	1.0	60.82	4.5	62.82	4.5	61.30	4.5
合作伙伴	6.00	4.0	5.00	5.0	3.00	7.0	7.00	3.0
信息披露	9.00	1.0	10.00	0.0	2.00	8.0	8.00	2.0
外资持股	4.00	4.0	4.00	4.0	6.00	6.0	6.00	6.0
矿权获处	4.00	4.0	4.00	4.0	6.00	6.0	8.00	8.0
冶炼要求	4.00	4.0	4.00	4.0	6.00	6.0	6.00	6.0

风险指标	哈萨克斯坦		印度尼西亚		菲律宾		印度	
	数据	分值	数据	分值	数据	分值	数据	分值
社区诉求	4.00	4.0	4.00	4.0	4.00	4.0	6.00	6.0
劳工政策	35.10	5.0	35.70	5.0	35.70	5.0	33.50	4.0
罢工风险	—	2.0		4.0	15	2.0	150	4.0
基础设施	4.19	3.0	4.24	3.0	3.37	5.0	3.38	5.0
能源电力	61.41	4.5	78.47	4.5	90.85	1.0	77.29	3.0
医疗卫生	67.00	6.0	391.00	10.0	554.00	10.0	211.00	10.0
通信条件	74.59	3.0	25.45	8.0	55.50	5.0	29.55	8.0
环境执法	4.00	4.0	4.00	4.0	6.00	6.0	6.00	6.0

5.2.4　拉丁美洲国家集群

根据地理位置和行政区划，美洲地区以巴拿马运河为界分为北美洲（北亚美利加洲）和南美洲（南亚美利加洲），但考虑到语言、文化习俗以及社会经济发展水平的同质性，这里把美国以南的美洲地区统称拉丁美洲，划为一个国家集群。拉丁美洲西部安第斯山脉直抵海岸，沿岸平原和大陆架甚窄，离岸不远即为深海沟，包括秘鲁海沟和智利海沟。东部多为古老的高原，巴西高原面积 500 多万平方千米，为世界上面积第二大高原。高原和西部山地之间为大平原，亚马逊平原面积 560 万平方千米，为世界上最大的平原。科迪勒拉山系的太平洋沿岸和西印度群岛是世界上火山活动和地震频繁区之一。拉丁美洲的平原和低地终年湿热，山地四季如春，高山区终年积雪。赤道横贯北部，约一半地区处于热带。人口分布不平衡，西北部和东部沿海一带人口较稠密，广大的亚马逊平原每平方千米不到一人，是世界人口密度最小的地区之一。

拉美地区矿产资源储量丰富、潜力巨大。巴西是南美最大的国家，拥有丰富的自然资源和完整的工业基础。巴西矿藏非常丰富，目前探明储量的矿产有 50 多种。许多重要矿产资源，如铌、钽、铁矿石、滑石、叶蜡石、铝土矿、石墨、锰、锡、镍、锌等，储量和产量均居世界前列。其他主要矿产资源还有石油、天然气、煤、铜、铬、铀、金、铅、钛、锆、高岭土、磷矿石、萤石、蛭石、石棉、石膏、菱镁矿等。智利位于安第斯山脉西麓，也是重要的矿业国家，铜矿石产量全球第一，钼、锂、铼、碘、硒、碲、硼储量亦居世界前几位，其他还有金、银、铁、锰、钾、煤、原油和天然气等重要矿产资源。秘鲁主要矿产有铜、银、锌、锡、金铁、钼、钨、铋、铅等，其中铜、银、锌、锡、金储量居全球前十，另外还拥有石油、天然气等能源资源，矿产品是其主要出口产品。阿根廷位于南美洲南部，东濒大西洋，领土面积278万平方公里，居全球第八位，地形复杂多样，矿产资源丰富，是拉美地区主要的矿业国家之一。能源矿产有石油、天然气、铀，金属矿产有铜、金、银、锂、铅、锌、铁等，另外还有煤炭、钾、铍、铝、锡、钼、锑、绿柱石、石膏、硫磺、瓷土、石英等矿产资源。总的来说，阿根廷矿种丰富、成矿条件良好、未开发矿产多，是一个矿产资源开发潜力较大的国家。洪都拉斯和危地马拉接壤，均位于中美洲地区，蕴藏着丰富的矿产资源。洪都拉斯主要矿藏有金、银、煤、锑等，其中白银的蕴藏量在中美洲占第一位。危地马拉则蕴藏铅、锌、镍、铜、金、银等矿产资源，森林覆盖面积38%以上，采矿业是其重要传统工业。

总体来看，拉丁美洲地区资源丰富，开发潜力大，经济发展具有区域不平衡性。根据国际货币基金组织（IMF）统计，拉美和加勒比地区2016年实际经济增长率为 -0.6%，而根据 IMF2018 年 10 月最新发布的世界经济展望报告，与 4 月相比，调低该地区 2018 年经济增长预测至 1.2%，展现其区域经济形势仍不乐观，部分国家如阿根廷和委内瑞拉，陷入深幅货币贬值和通货膨胀。随着城市化进程加快，大城市有组织犯罪问题以及局部地区冲突是社会治安风险的主要来源。但主要矿业国家如巴西、智利等，基础设施和法律体系建设较为完善。表 5 - 6 反映了拉美样本矿业国家 2016 年的各项风险数据。

表 5-6　拉丁美洲国家集群 2016 年矿业投资风险指标数据

风险指标	阿根廷		秘鲁		巴西		智利		洪都拉斯		危地马拉	
	数据	风险分值	数据	风险分值	数据	风险分值	数据	风险分值	数据	风险分值	数据	风险分值
资源开采	3.345	10.0	52.34	5.0	10.47	9.0	51.32	5.0	1.312	10.0	6.521	8.5
资源潜力	37.46	7.0	76.09	3.0	60.87	4.0	63.64	4.0	42.86	6.0	50.00	5.0
社会稳定	0.20	5.0	-0.20	6.0	-0.38	6.0	0.41	5.0	-0.43	6.0	-0.54	7.0
社会治安	6.53	6.0	7.16	7.0	27.54	10.0	3.59	3.0	5.75	5.5	31.21	10.0
经济增长	-1.82	6.5	3.95	1.0	-3.47	8.5	1.27	3.5	3.75	1.5	3.09	1.5
通货膨胀	6.50	6.5	3.60	1.0	8.74	2.5	3.79	1.0	2.72	0.5	4.45	1.5
信贷体系	16.67	5.5	15.08	6.0	17.16	5.5	13.78	6.5	14.14	6.0	14.94	6.0
利率变动	4.41	10.0	0.36	2.0	8.14	10.0	0.07	2.0	1.33	6.0	0.13	2.0
兑换汇率	4.00	4.0	4.00	4.0	4.00	4.0	4.00	4.0	8.00	8.0	4.00	4.0
汇率变动	0.60	10.0	0.06	5.0	0.05	5.0	0.04	5.0	0.04	5.0	-0.007	10.0
税费课目	9.00	1.0	9.00	1.0	9.60	1.0	7.00	1.0	48.00	5.0	8.00	1.0
总税率	0.00	10.0	84.26	1.0	36.22	6.0	94.71	0.0	73.90	2.0	83.88	1.0
法律体系	4.00	4.0	4.00	4.0	2.00	2.0	4.00	4.0	4.00	4.0	4.00	4.0
执法能力	0.19	5.0	0.19	5.0	0.19	5.0	0.20	5.0	0.20	5.0	0.20	5.0
社会信用	52.07	5.5	57.46	5.0	51.62	5.5	63.85	4.5	37.90	7.0	46.35	6.0

续表

风险指标	阿根廷		秘鲁		巴西		智利		洪都拉斯		危地马拉	
	数据	风险分值	数据	风险分值	数据	风险分值	数据	风险分值	数据	风险分值	数据	风险分值
产权登记	60.63	4.5	80.54	2.5	54.93	5.5	78.96	3.0	70.11	3.5	71.34	3.5
合作伙伴	2.00	8.0	6.00	4.0	8.00	2.0	6.00	4.0	8.00	2.0	2.00	8.0
信息披露	7.00	3.0	9.00	1.0	5.00	5.0	8.00	2.0	3.00	7.0	3.00	7.0
外资持股	4.00	4.0	4.00	4.0	4.00	4.0	2.00	2.0	4.00	4.0	4.00	4.0
矿权获处	4.00	4.0	4.00	4.0	4.00	4.0	4.00	4.0	4.00	4.0	4.00	4.0
冶炼要求	4.00	4.0	6.00	6.0	4.00	4.0	4.00	4.0	4.00	4.0	4.00	4.0
社会治安	6.53	6.0	7.16	7.0	27.54	10.0	3.59	3.0	5.75	5.5	31.21	10.0
社区诉求	4.00	4.0	4.00	4.0	4.00	4.0	4.00	4.0	6.00	6.0	6.00	6.0
劳工政策	50.90	8.0	32.60	4.0	35.10	5.0	47.90	7.0	3.00	3.0	3.00	3.0
罢工风险	1321.00	10.0	41.00	2.0	0.00	1.0	201.00	5.0	—	4.0	—	4.0
基础设施	3.66	4.0	3.57	4.0	3.98	4.0	4.66	2.0	3.29	5.0	3.82	4.0
能源电力	72.51	3.5	80.45	2.5	88.92	2.0	84.97	2.5	71.19	3.5	83.07	2.5
医疗卫生	24.00	4.0	117.00	9.0	42.00	5.0	16.00	3.0	40.00	5.0	24.00	4.0
通信条件	70.97	3.0	45.46	6.0	60.87	4.0	83.56	2.0	30.00	8.0	34.51	7.0
环境执法	4.00	4.0	8.00	8.0	4.00	4.0	8.00	8.0	4.00	4.0	4.00	4.0

5.2.5　非洲国家集群

非洲大陆位于东半球，地跨赤道南北，西临大西洋，东濒印度洋，北与欧洲隔地中海和直布罗陀海峡相望。南北最长约 8 000 千米，东西最宽约 7 500 千米，面积 3 020 万平方公里，占世界陆地总面积的1/5。非洲语系多样，民族成分复杂，经济结构较为单一。联合国贸易发展会议（UNCTAD）非洲经济发展报告指出，尽管非洲大陆一直努力实现出口多样化，但 54 个国家中仍有 45 个依赖农业、矿业和采掘业初级产品的出口，对大宗商品出口的依赖使非洲经济容易受到全球冲击的影响①。

非洲特有的地质条件蕴藏着丰富的矿产资源，是著名的矿藏富集地区。其矿产资源种类繁多、储量丰厚、品位较高、质量较好，且开采条件优越，是国际矿业投资者重点关注的地区之一，石油等能源资源储量丰富，金刚石和黄金、铜、铬、钴、锡、钛、锂、钽等金属矿产的储量也位居世界前列。我国企业在非洲的矿业投资项目最多的国家是赞比亚和刚果（金），主要投资矿种是铜金矿。赞比亚位于非洲中南部，地处内陆，是世界铜钴资源大国，宝石资源也很丰富，尤其是祖母绿。此外还拥有金、银、铁、锌、镍、铅、硒、锰、锡、磷、铀、煤、硫、石膏、滑石和粘土等矿产。刚果（金）位于非洲中部，经济贫困，但自然资源丰富，矿产、森林和水资源量均位于世界前列，有"世界原料仓库"之称。蕴藏多种有色金属、稀有金属和非金属矿，铜、钴、锌、钽、锗、钨、锰、镍、铬、锡、镉等金属和工业钻石储量可观，开发潜力巨大。坦桑尼亚位于非洲东部，与刚果（金）相邻，东濒印度洋。有 8 个绿岩带，地层大多属太古代岩石，已探明的主要矿产包括钻石、金、煤、铁、磷酸盐、天然气等，其大陆及近海海域亦存在若干储油前景良好的区域。南非地处非洲高原最

---

① 联合国贸易发展委员会.2022 年非洲经济发展报告。

南端，是世界矿产资源最为丰富的国家之一，已探明储量并开采的矿产有70多种，资源禀赋优质，最为著名的矿种是铂族金属、金、锰、钒矿和铬矿。

　　非洲目前尚处于工业化初级阶段，矿业投资潜力大，但总体经济发展水平仍处于较低层级，对资源出口的依存度较高，外汇管制严格。部分国家具有较完善的法律体系，但制度执行层面保障有所不足。矿业建设过程中经常面对社区诉求，矿业政策不确定性较大。卫生防疫水平和公路铁路港口等基础设施建设处于起步阶段，自然灾害和传染性疾病时有发生。这些都是非洲矿业投资的潜在风险点。表5－7反映了非洲样本国家2016年的各项风险数据。

表5－7　　　　　非洲国家集群2016年矿业投资风险指标数据

风险指标	赞比亚		刚果（金）		南非		坦桑尼亚	
	数据	风险分值	数据	风险分值	数据	风险分值	数据	风险分值
资源开采	77.80	2.5	0.02	10.0	23.58	8.0	11.35	9.0
资源潜力	72.22	3.0	80.95	2.0	57.69	5.0	56.67	7.0
社会稳定	0.14	5.0	−2.23	10.0	−0.14	6.0	−0.44	6.0
社会治安	5.85	5.5	13.36	10.0	34.27	10.0	7.53	7.0
经济增长	3.76	1.5	−2.80	7.5	0.57	4.0	6.97	0.0
通货膨胀	17.87	4.5	1.50	1.0	6.333	2.0	5.17	1.5
信贷体系	26.16	10.0	19.09	5.0	15.93	6.0	19.15	5.0
利率变动	2.25	10.0	0.61	4.0	1.04	6.0	0.15	2.0
兑换汇回	4.00	4.0	4.00	4.0	4.00	4.0	4.00	4.0
汇率变动	0.19	6.0	0.0026	5.0	0.15	6.0	0.09	5.0
税费课目	26.00	3.0	50.00	5.0	7.00	1.0	53.00	5.0
总税率	100.0	0.0	55.86	4.0	96.24	0.0	74.50	2.0
法律体系	6.00	6.0	4.00	4.0	4.00	4.0	4.00	4.0
执法能力	0.20	5.0	0.18	5.0	0.16	5.0	0.17	5.0
社会信用	57.53	4.5	44.11	6.5	66.14	4.0	66.17	4.0

续表

风险指标	赞比亚		刚果（金）		南非		坦桑尼亚	
	数据	风险分值	数据	风险分值	数据	风险分值	数据	风险分值
产权登记	45.82	6.0	44.17	6.5	65.50	4.0	60.16	4.5
合作伙伴	6.00	4.0	1.00	9.0	8.00	2.0	6.00	4.0
信息披露	4.00	6.0	7.00	3.0	8.00	2.0	2.00	8.0
外资持股	8.00	8.0	4.00	4.0	6.00	6.0	6.00	6.0
矿权获处	4.00	4.0	4.00	4.0	6.00	6.0	4.00	4.0
冶炼要求	4.00	4.0	4.00	4.0	6.00	6.0	4.00	4.0
社区诉求	8.00	8.0	4.00	4.0	6.00	6.0	4.00	4.0
劳工政策	23.00	2.0	23.00	2.0	23.00	2.0	23.00	2.0
罢工风险	110.00	4.0	110.00	4.0	110.00	4.0	110.00	4.0
基础设施	2.50	7.0	1.72	8.0	4.18	3.0	2.67	6.0
能源电力	66.34	4.0	44.49	6.0	84.21	2.5	77.05	3.0
医疗卫生	376.00	10.0	323.00	10.0	781.00	10.0	287.00	10.0
通信条件	25.51	8.0	6.21	10.0	54.00	5.0	13.00	9.0
环境执法	4.00	4.0	4.00	4.0	6.00	6.0	4.00	4.0

5.2.6　大洋洲国家集群

　　大洋洲陆地总面积 897 万平方公里，约占世界陆地总面积的 6%，是最小的一个大洲，也是除南极洲外，人口最少的一个大洲。其位于太平洋中部和中南部的赤道南北广大海域中，在亚洲和南极洲之间，西邻印度洋，东临太平洋，并与南北美洲遥遥相对。大洋洲跨南北两半球，各个国家和地区经济发展水平差异显著。

　　大洋洲中，澳大利亚是矿产资源勘探开发具有代表性的国家。它是一个位于南半球的国家，也是世界上最平坦的大陆，拥有铁矿、金矿、镍矿、铀矿、铝土矿、金刚石和煤炭等近百种矿产资源可供开发利用，从世界排名看，褐煤、镍、钛、铀、钽、锌、金红石和锆石储量居世界前列，煤、铁矿石、钛铁矿、铝土矿、锰矿石、铜、锑、锂、铌、金、银和工业金刚石等位居世界前六位。总体而言，澳大利亚金融体系成熟，币值波动不大。法律法规比较完善，社会治安良好，矿业政策相对稳定。澳大利亚是联邦制国家，各州均有自己相对独立的立法。较有吸引力的矿区有西澳大利亚州、南澳大利亚州、新南威尔士州、昆士兰州、北领地等。表5-8反映了澳大利亚2016年的各项风险数据。

表5-8　　　　大洋洲国家集群2016年矿业投资风险指标数据

风险指标	澳大利亚	
	数据	风险分值
资源开采	31.72	7.0
资源潜力	69.89	4.0
社会稳定	1.05	4.0
社会治安	0.98	0.5
经济增长	2.83	2.0
通货膨胀	1.28	0.0
信贷体系	13.65	6.5
利率变动	0.15	2.0
兑换汇回	4.00	4.0
汇率变动	0.011	5.0
税费课目	11.00	1.5
总税率	69.03	3.0
法律体系	4.00	4.0
执法能力	0.22	5.0
社会信用	76.34	3.0
产权登记	76.77	3.0
合作伙伴	2.00	8.0
信息披露	8.00	2.0

续表

风险指标	澳大利亚	
	数据	风险分值
外资持股	4.00	4.0
矿权获处	4.00	4.0
冶炼要求	4.00	4.0
社区诉求	4.00	4.0
劳工政策	52.70	8.0
罢工风险	259.00	5.0
基础设施	5.65	0.0
能源电力	80.58	2.5
医疗卫生	6.20	1.0
通信条件	88.24	2.0
环境执法	8.00	8.0

5.3 矿业境外投资风险评价
深度学习模型的训练

5.3.1 模型的改进

在训练深度学习模型用来进行矿业境外投资风险评价时，主要的挑战在于样本数据量不足。为解决这一问题，本章对深度学习模型进行了 DNN 迁移学习算法改进。

迁移学习（transfer learning）是一种机器学习方法框架，常用于解决训练数据不足的问题。迁移学习可定义为，给定了源域（source domain）和源任务（source task）、目标域（target domain）和目标任务（target task），将源域在解决任务中获得的知识迁移至目标域以提升目标任务，取得更好的学习效果的一种算法。其中，目标域往往面临有效训练数据的数据量较小或者数据收集代价较大的困难，而源域的训练数据则相对充足或更加容易获取。因此，在迁移学习方法和理论的指导下，可以通过使用更容易获取的源域数据来完成或增强目标域模型的训练。这一流程的有效性已经被非常多的工作在特定任务上的实践所检验。廖等（Liao et al.，2017）在继承部分 VGG－16 网络结构的基础上，有针对性地设计了适用于文本行检测的神经网络层，并在相关的文本检测数据上经过训练完成文本检测任务。刘等（Liu et al.，2017）则在 VGG－16 的基础上通过添加新的网络层进行了边缘检测任务。刘宝龙（2018）提出基于迁移学习方式来解决船名标识数据量不足的问题，先在 Coco－Text 大型文本检测数据集上对深度神经网络进行预训练，然后再在船名标识字符数据集上进行微调用以进行船名标识检测。

基于 DNN 进行矿业境外投资风险评价，面对的主要难题就是训练数据不足。鉴于深度迁移学习在很多任务上的成功，我们利用模型的迁移学习来解决这一问题。按迁移的内容不同，迁移学习可以分为样本迁移、特征迁移、参数迁移和关系迁移四大类。样本迁移是指在源域中找到与目标域相似的数据实例，在对这些样本进行权值调整的基础上，直接用于目标域的训练；特征迁移是指将源域和目标域共同含有的一些交叉特征变换到一个相同的空间，使得在该空间中的源域数据和目标域数据具有同分布特征，然后进行分类器的学习与训练；参数迁移是指将在源域中通过大量数据训练好的模型参数应用到目标域中进行目标域数据预测任务；关系迁移则是将源域中学习到的逻辑关系应用到目标域上来进行迁移学习，该迁移方法适用于两个共享某种相似关系的源域和目标域。本研究采用基于参数的迁移学习方式，即将在源域中通过大量数据训练好的模型参数应用到目标域中进行目标域数据预测任务。

本书以上市公司财务风险评价深度学习模型为对象进行参数迁移学习，主要考虑到以下几点：一是作为源域的财务风险和作为目标域的投资风险在输入值设定上具有相似性，都是对风险进行细分，并以风险指标的形式对每一个风险因子进行特征表达。二是财务风险指标和投资风险指标在特征属性上具有同质性，都采用指数或者比率进行量化，数据结构相似；同时特征维度量接近，前者包含 29 个财务风险特征维度，后者则概括了 29 个投资风险特征值。三是二者的输出设置都是进行风险等级评价。作为源任务的财务风险评价划分两个等级（风险和非风险），作为目标任务的矿业境外投资风险评价划分五个风险等级，标准相近。四是财务风险评价以 A 股上市公司为样本，样本数据量较为充分，财务风险指标数据可直接从 wind 数据库获取，获取成本亦较低。

　　基于上述原因，构建了基于 DNN 的企业财务风险评价模型。模型以我国沪深两市全部 A 股上市公司作为研究对象，将公司因财务状况异常而被特别处理（Special Treatment，即 ST）作为陷入财务风险的标志，以非 ST 公司作为财务正常企业，选取 2010～2016 年被特殊处理（ST）企业前三年（t-3）的数据作为财务风险企业的样本，选取行业、资产规模与风险企业相近，按 1∶10 比例随机抽取的非 ST 企业 t-3 数据作为正常企业样本，形成训练样本子集 1 151 份样本（33 379 个特征数据）和测试样本子集 99 份样本（2 871 个特征数据），构建了一组能够反映企业财务特性的 29 维原始特征作为深度学习模型的输入层，是否风险作为输出层，利用深层架构对财务特性与风险特征之间的映射关系进行训练并确定网络参数。经过上千次训练，最终构建了一个 9 层的 DNN 网络，每层的维数分别为（21，19，17，15，13，10，8，5，2），模型经测试准确率达到 90%，将其作为基准网络结构，迁移至矿业境外投资风险评价深度学习模型，作为初始化结构进行预训练，并根据训练情况进行调整后，确定最终模型参数和权值分布。

5.3.2 数据预处理

研究选取样本国家和地区风险特征数据作为输入值，由于各种指标数据数量单位以及变动范围不统一，数据往往不具有可比性，因此需要对数据进行非量纲标准化处理。本书中主要对数据进行了去均值和归一化处理，即把输入数据各个维度都中心化为 0，并将幅度归一化到同样的范围。

本节使用 MATLAB R2016a 进行数据处理以及深度学习网络的训练，通过实验对比 mapminmax 函数以及 zscore 函数等可用函数，得到 zscore 函数表达具有较好效果，还可以达到去均值的效果，在 MATLAB 中调用公式为：

$$A = \text{double}(A)/\max(A(:)); \quad [A, \ mu, \ sigma] = zscore(A)$$

$$(5-1)$$

其中：double 函数将矩阵 A 中数据变为双精度浮点类型；$\max(A(:))$ 为调用 MATLAB 中 max 函数，意为求解矩阵 A 中数值的最大值；zscore 函数将数据标准化，使其分布满足正态分布，具体计算公式为 $z = (x - \mu)/\sigma$。

5.3.3 模型的训练

1. 基准网络结构的迁移

研究将前述经过训练确定的财务风险评价 9 层 DNN 网络，每层的维数分别为（21，19，17，15，13，10，8，5，2），作为基准网络结构，迁移至矿业境外投资风险评价深度学习模型。同时迁移参数如表 5-9 所示。

表 5 – 9　　　　　　　　迁移基准网络训练参数

参数	参数值	说明
size	[21, 19, 17, 15, 13, 10, 8, 5, 2]	网络维数
n	9	网络层数
activation_function	Relu	隐含层激活函数
learning Rate	1	学习率，即权值更新的速率
loss function	mse	mean squared error 损失函数
momentum	0. 5000	权值动量因子
scaling_learning Rate	1	学习率变化因子（each epoch），即每一次迭代学习率的变化率
weight Penalty L2	0	L2 范数约束项，用于限制权值范围
non Sparsity Penalty	0	非稀疏惩罚，目的是使得每一层的权值之和尽可能小，即达到稀疏性
sparsity Target	0. 0500	稀疏目标值，即每一层权值之和的目标值
input Zero Masked Fraction	0	自动编码的去噪作用，增加网络的抗噪声能力
dropout Fraction	0	dropout 网络改进方式
epoch	3 000	迭代次数
output	Relu	输出层激活函数

具体地，在迁移学习基准网络中，隐含层和输出层激活函数选用了 Relu 函数，这主要是考虑 Relu 能够有效缓解梯度消失问题，使得监督式训练 DNN 成为可能；同时其输出具有稀疏性，能够更好地贴近数据的真实分布，并降低计算复杂度。迭代次数 epoch 以训练网络中 loss 不再下降为参考，各项参数经多次训练后确定，为使得输出错

误率最低的参数组合。

2. 模型的调优与训练

在迁移学习基准网络的基础上，研究以前述 21 个国家 2009 ~ 2014 年数据作为训练样本子集，得到 126 份训练样本，3 654 个特征值用于网络的进一步训练，并进行了如下调优（fine tuning）：

一是使用深度更浅、结构更紧凑的网络模型。这主要是考虑到和财务风险评价 DNN 相比，矿业境外投资风险评价样本量较少而风险维度更高，数据相互关系更广泛复杂，降低网络层数，紧凑网络结构有利于通过较少的训练得到最优结果。同时最后一层特征提取层，过大的感受野使其能包含的精细数据信息十分有限，因此在实践中调整了网络层数，删除了网络的后面几层，将层数降为 5，并据此适当调整了各层维度。

二是在激活函数的配置上，由于 Relu 函数具有左侧硬饱和性，当输入落入左侧硬饱和区时，对应的梯度为 0，对输入小于 0 的部分仅做线性变换。考虑到矿业投资风险特征值存在负数取值的情况，同时负数的表达具有经济含义，不适宜做绝对值处理，矿业境外投资风险评价 DNN 对函数进行了调整，在隐含层和输出层均使用了 sigmoid 激活函数。sigmoid 函数是一个单调、可微的非线性函数，其输入空间是整个实数区间，输出区间是（0，1），符合风险特征输入值的设定需求。由于矿业境外投资风险评价 DNN 紧凑的架构，sigmoid 的梯度弥散问题未对训练效果产生明显影响。

在迁移学习基准网络并调优的基础上，经过大量训练和比对，最终确定矿业境外投资风险评价 DNN 训练参数如表 5 - 10 所示。

表 5 – 10 矿业境外投资风险评价 DNN 训练参数

参数	参数值
size	[34，30，25，15，5]
n	5
activation_function	'sigm'
learningRate	1
loss function	mse
momentum	0.5000
scaling_learningRate	1
weightPenaltyL2	0
nonSparsityPenalty	0
sparsityTarget	0.0500
inputZeroMaskedFraction	0
dropoutFraction	0
epoch	3000
output	'sigm'

根据训练结果，最终构建了一个 5 层的风险评价深度学习网络，每层的维数分别为：34，30，25，15，5。深度学习网络结构见图 5 – 1。

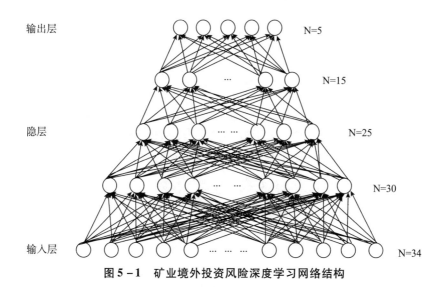

图 5 – 1 矿业境外投资风险深度学习网络结构

其中，输入层即原始数据进入网络的起点，本节以境外投资风险特征值构成深度学习网络的输入层；隐藏层根据训练以及测试效果确定最优选择。经过不断的调试，最终确定了效果最好的隐藏层层数，分别为：30，25，15 这三层隐藏层，表示数据特征由 30 维逐级降至 15 维的过程；输出层为 Ⅰ 、Ⅱ 、Ⅲ 、Ⅳ 、Ⅴ 级五个矿业企业境外勘探开发总体风险区域，分别代表从高到低的风险提示。其中 Ⅰ 级风险区域用（1，0，0，0，0）来表示，Ⅱ 级风险区域用（0，1，0，0，0）表示，Ⅲ 级风险区域用（0，0，1，0，0）表示，Ⅳ 级风险区域用（0，0，0，1，0）表示，Ⅴ 级风险区域用（0，0，0，0，1）表示。

附表 22 ~ 附表 25 为经过机器自动学习后确定的四次降维的权重分布矩阵，分别为 34×30、30×25、25×15、15×5 矩阵，反映了经过大量训练确定的模型充分利用深层架构的特征提取优势，通过非线性的模块将较低层次的多维特征转换成更高层、更抽象的特征并实现降维，然后通过多层转换组合，学习非常复杂的函数的过程。从矩阵的权重分布中可以看出，更高层次的特征扩大了输入的风险原始数据中对评价或者分类具有重要作用的因素的影响，而弱化了不相关因素的影响，特征提取不再依赖人工经验，而是借助深层模型从数据中学习得到，并同时完成分类评估，实现了特征提取和分类分析的有机统一。

3. 误差的梯度下降

在深度学习算法中，对于最小化损失函数，可以通过梯度下降算法来一步步迭代求解。本节对矿业境外投资风险评价深度学习模型的训练，迭代次数设定为 3 000 次，在训练参数设定之后，最终批次样本训练的均方误差基本接近于 0，其反映了在使用样本训练网络过程中预测的较高的精确度，效果如图 5 - 2 所示。

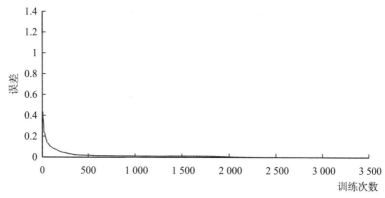

图 5 - 2　矿业境外投资风险深度学习网络训练效果

由图 5 - 2 可见，随着训练次数的增加，网络的均方误差越来越小，说明其判断准确度越来越高。此部分仅为深度学习网络的训练部分，对于已训练的深度学习网络，其准确率还需要通过测试未参与训练过程的样本数据得到。

5.4　矿业境外投资风险评价深度学习模型的测试与检验

对于经过大量训练构建的深度学习网络，需要使用测试样本数据测试其预测的准确性，检验评价效果。测试样本子集是独立于训练样本的数据，具体为 21 个国家 2015 年和 2016 年两年的风险特征数据，共计 42 份测试样本，1 218 个特征值用于网络测试。测试结果误差率0. 1905，这说明本文所构建的深度学习网络预测准确率 80. 95%，判断效果良好。预测结果分布见表 5 - 11。

表 5 – 11　　　　　　　　　　深度学习模型预测结果分布

样本序号	实际等级	测试等级	预测结果	样本序号	实际等级	测试等级	预测结果
1	2	2	正确	22	4	4	正确
2	2	2	正确	23	4	4	正确
3	3	3	正确	24	4	3	错误
4	3	3	正确	25	4	4	正确
5	3	3	正确	26	4	3	错误
6	3	2	错误	27	4	3	错误
7	3	3	正确	28	4	4	正确
8	3	3	正确	29	4	4	正确
9	3	3	正确	30	4	4	正确
10	3	3	正确	31	4	4	正确
11	3	3	正确	32	4	4	正确
12	3	3	正确	33	4	4	正确
13	3	3	正确	34	4	3	错误
14	3	3	正确	35	4	3	错误
15	3	3	正确	36	4	4	正确
16	3	3	正确	37	4	3	错误
17	3	3	正确	38	4	4	正确
18	4	4	正确	39	4	4	正确
19	4	4	正确	40	5	5	正确
20	4	4	正确	41	5	5	正确
21	4	3	错误	42	5	5	正确

　　如表 5 – 11 所示，测试样本共 42 份，其中包含 Ⅰ 级风险区域的国家 0 个，Ⅱ 级风险区域的国家 2 个（序号 1 ~ 2）；Ⅲ 级风险区域的国家 15 个（序号 3 ~ 17）；Ⅳ 级风险区域的国家 22 个（序号 18 ~ 39）；Ⅴ 级风险区域的国家 3 个（序号 40 ~ 42）。预测正确 34 个，错误 8 个，具体分布见表 5 – 12。

表 5 – 12　　　　　　　　　　预测准确率统计

预测等级	测试样本数量	成功判断数	准确率（%）
Ⅰ级风险区域	0	0	—
Ⅱ级风险区域	2	2	100.00
Ⅲ级风险区域	15	14	93.33
Ⅳ级风险区域	22	15	68.18
Ⅴ级风险区域	3	3	100.00
总体情况	42	34	80.95

　　从总体测试结果来看，深度学习模型在用于风险评价时总体准确度较高，效果良好，证明了这一方法用于矿业投资风险评价的可行性。而根据表 5 – 12 对预测准确率的分解，我们发现模型对于高投资风险、较高投资风险以及低投资风险的样本具有很高的评价准确度，而对一般投资风险的国家评价准确率相对较低，并且错误偏向于高估风险值，但高估程度可控，不超过一个风险等级。考虑到输出端为 5 级（一般的输出端仅为 2 级），且各风险等级边界定义具有一定的模糊性（比如 59 分与 61 分，差异缺乏显著性），可以认为模型成功地通过深度网络的机器学习方式，学习并构建了输入端风险特征值与输出端风险评价判断之间的函数关系，将较低层次的多维特征转换成更高层、更抽象的特征并实现降维，高效地完成了对目标国家矿业投资风险投资风险的等级判断。

5.5　本　章　小　结

　　本章根据矿业境外投资风险评价的特点，构建了基于深度学习的风险评价模型。引入深度学习思想，选取了 21 个主要矿业国家作为研究对象，以弗雷泽研究所投资风险评价结果作为学习标签，2008 ~

2016 年为时间窗，构建了一组能够反映风险特性的原始特征作为深度学习模型的输入量，并以五个风险区域作为输出量，利用深层架构寻找风险特性与风险综合评价之间的映射关系，训练并确定了基于深度学习的矿业境外投资风险评价模型。其中，为解决样本数据量不足给网络训练带来的困扰，本章采用基于参数的迁移学习方式对模型进行了算法改进，以上市公司财务风险评价深度学习模型为对象，将在源域中通过大量数据训练好的模型参数应用到目标域中进行目标域数据预测任务。经过训练、调优后的模型能充分利用深层架构的特征提取优势，通过非线性的模块将较低层次的多维特征转换成更高层、更抽象的特征并实现降维，然后通过多层转换组合，学习非常复杂的函数。更高层次的特征扩大了输入的风险原始数据中对评价或者分类具有重要作用的因素的影响，而弱化了不相关因素的影响；特征提取不再依赖人工经验，而是借助深层模型从数据中学习得到，并完成分类评估，从而实现了特征提取和分类分析的有机统一，也极大地提高了评价的客观性。实证结果表明模型具有很好的评估性能和较高的预测精度，应用该方法对我国矿业企业境外投资风险进行评价是成功的和有意义的。

第6章

样本国家矿业投资风险
评价与动态监测

　　第5章通过对深度学习网络进行训练，确立了矿业境外投资风险评价模型，并根据测试结果，从方法角度对模型运用效果进行了评价。本章在此基础上，主要完成了三个方面的工作：一是针对模型测试结果，从经济学角度，对样本国家矿业投资风险进行评价和分析；二是引入复杂网络思想，基于投资风险相似度对样本矿业国家进行聚类分析，为矿业企业境外投资项目提供地区优选参考；三是提出了一个基于深度学习的指标贡献度全局分析的方法，定量分析各风险指标对模型输出结果不确定性的贡献率，并据此对风险指标进行重要性排序，并进一步地针对各级风险域高贡献度易变指标动态监测样本国家风险变动情况。

6.1　样本国家矿业投资风险评价

　　我们模仿气象灾害等级，将矿业企业境外勘探开发总体风险分为Ⅰ、Ⅱ、Ⅲ、Ⅳ、Ⅴ级五个风险区域，分别代表从高到低五个类别的风险提示。把样本国家2016年风险特征数据带入深度学习模型后，得到风险区域分类结果如图6-1所示：

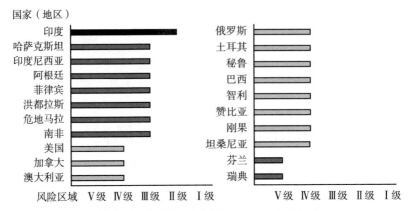

图 6 - 1　2016 年样本国家风险区域示意图

如图 6 - 1 所示，2016 年主要矿业国家投资风险评价，印度位于Ⅱ级风险区域。这主要是由于该国 2016 年资源开采和资源潜力，以及反映基础条件的医疗卫生和通信条件均处于低位，而反映管理和政策因素的合同执行、行政效率（如监管的重复和不一致等）、社会治安、矿权取得和处置限制等位于高位。

哈萨克斯坦、印度尼西亚、阿根廷、菲律宾、洪都拉斯、危地马拉、南非等七国位于风险的Ⅲ级区域。哈萨克斯坦社会治安状况评分较低，同时利率和汇率波动较大，反映货币政策和货币兑换的不确定性增强，但从资源潜力看，仍具有较高的投资吸引力；印度尼西亚医疗卫生和通信条件较为落后，同时受到汇率波动的影响；菲律宾资源潜力良好，但社会治安和医疗卫生条件有待改进，同时因政府对矿产品开采的保护性表态，资源开采与出口有所下降（见表 5 - 5）。阿根廷主要受外债影响，汇率波动频繁，同时因其罢工和劳工政策，用工风险较大，总体税负水平居前列；洪都拉斯合同执行的不确定性和信息披露风险较大，资源开采与出口亦处于较低水平；危地马拉则主要反映了当年货币兑换和社会治安的不确定性（见表 5 - 6）；南非反映了较高的社会治安不确定性和医疗卫生风险（见表 5 - 7）。

欧洲地区政策环境差别较大，北欧的芬兰和瑞典，社会稳定治安良好，经济增长稳定，通货膨胀率低，所以虽然环境执法严格，但投资风险均位于Ⅴ级低风险区域（见表5-4）。其他各国投资风险均为一般水平。

　　总体来看，矿业投资风险较低的国家或地区主要集中在北欧，这些国家政策和经济环境稳定，预期良好，对国际矿业资本有较强的吸引力。美、加、澳等国矿产资源丰富，法律法规成熟完善，但投资的人力和环保成本也比较高。部分亚非拉国家资源潜力大，矿产资源丰富，但社会稳定和治安状况不确定性较高，基础设施建设落后，货币政策与币值波动较大，近年来一些国家通过出台新政策或调整矿业法规，提高矿业相关税费，以增加政府在矿业活动中的收益。同时加强了政府的参与程度，本地化趋势也在扩散，矿业投资的不确定性增多，投资风险较高。

6.2　基于风险相似度的样本国家聚类分析

6.2.1　风险相关系数的计算

　　本部分主要采取评价和分类相结合的方法，基于投资风险相似度对样本矿业国家进行分类。具体步骤如下：第一，根据风险评价结果，采用聚类分析法对样本矿业国家进行分类；第二，对分类结果进行分层。

　　聚类分析是多元统计中研究"物以类聚"的一种方法。其基本思想是：在所研究的统计总体中，各样品或指标（变量）之间存在着程度不同的相似性，因此可以根据一批样品的多个观测指标，找到一些能够度量其相似程度的统计量，并根据这些统计量来对样品进行分类。本节对矿业境外投资风险评价设计了29个明细风险指标，根据这些指标的评价结果可进行相关性检验，来度量两两国家投资风险的相似度。

　　衡量相似度的指标主要有皮尔逊（Pearson）相关系数和欧几里得距离（欧氏距离）。皮尔逊相关系数主要对变量波动趋势的相似性进行判断，若两个变量的波动趋势越相似，则皮尔逊相关系数越高。可以将每个境外国家（地区）的风险指标序列视为波动趋势，两个国家的风险指标序列构成的形状越相似，说明这两个国家的风险组成结构越接近。然而，皮尔逊相关系数忽略了变量的大小量级，即尽管两个变量的量级相差很大，但是只要其波动趋势一致，则仍然具有很高的相关系数。欧氏距离是对多维空间中两个点之间真实距离的度量，若两个变量之间的距离越短，说明这两个变量所处的状态越相似。欧氏距离考虑了变量的大小量级，然而对风险指标构成形状的相似性描述有所欠缺。因此本节结合这两种测算方法，用皮尔逊相关系数乘以欧氏距离的倒数，从风险构成以及各国量级两个方面，综合衡量 21 个样本国家两两之间的相似度。衡量 21 个样本国家两两之间的相似度，可以很好地规避各自的局限，其定义为：

$$皮尔逊相关系数：p_{(x,y)} = \frac{\sum_{t-1}^{n}(x_i - \bar{x})(y_i - \bar{y})}{\sqrt{\sum_{t-1}^{n}(x_i - \bar{x})^2 \sum_{t-1}^{n}(y_i - \bar{y})^2}} \quad (6-1)$$

$$欧氏距离：d(x, y) = \sqrt{\sum_{i=1}^{n}(x_i - y_i)^2} \quad (6-2)$$

$$样本国家风险相关系数：r_{(x,y)} = p_{(x,y)} \cdot \frac{1}{d(x, y)} \quad (6-3)$$

　　对样本国家风险特征值进行归一化处理后，按上述公式计算两两风险相似度，可得 21 × 21 风险相似度矩阵见附表 26（考虑到同一样本之间的欧氏距离为 0，无法计算倒数，实际计算过程中设定对每一项欧氏距离数值加了 0.00001）。

6.2.2　投资风险相似度的国家聚类分析

　　根据附表 26 样本矿业国家风险相似度矩阵，按风险特征两两相似度，将主要矿业国家分为四个群簇。设定相关系数阈值为 0.23，保留具有较高相关性的关系。用网络节点表示各个主要矿业国家，若两国之间相关系数大于或等于 0.23 则建立一条边，形成矿业国家投资风险相似性网络，两个国家间投资风险越相似则网络中边越粗。可以得到网络示意图如图 6-2 所示。

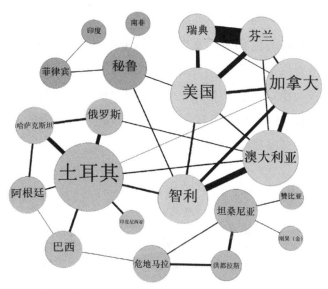

图 6-2　主要矿业国家投资风险相似度聚类网络

结合主要矿业国家风险评价区域分类，得到表 6-1：

表 6-1　　　　　　　　基于投资风险的主要矿业国家分类

风险区域	群簇 1	群簇 2	群簇 3	群簇 4
I 级区域				
II 级区域			印度	
III 级区域		哈萨克斯坦、阿根廷、印度尼西亚	菲律宾、南非	洪都拉斯、危地马拉

续表

风险区域	群簇 1	群簇 2	群簇 3	群簇 4
Ⅳ级区域	美国、加拿大、澳大利亚、智利	土耳其、巴西、俄罗斯	秘鲁	坦桑尼亚、赞比亚、刚果（金）
Ⅴ级区域	瑞典、芬兰			

（1）瑞典、芬兰、美国、加拿大、澳大利亚、智利六国为第一群簇。这一群簇的国家在矿业投资风险上的共同特点是基础设施建设、能源电力供给以及医疗卫生和通信条件良好，基础资源风险较低；社会较为稳定，法律体系完善，管理相对清廉高效，审批程序透明，制度运营风险不高；而对劳工和环境的保护较为严格，反映出了较高的劳工和环保风险，见图 6 - 3。

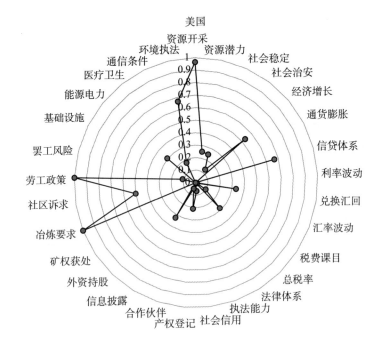

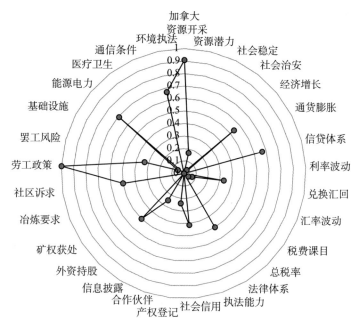

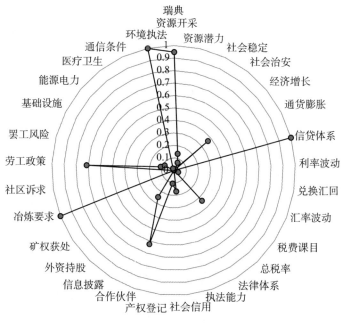

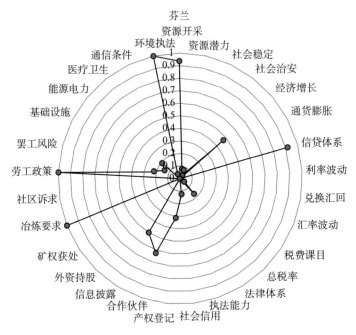

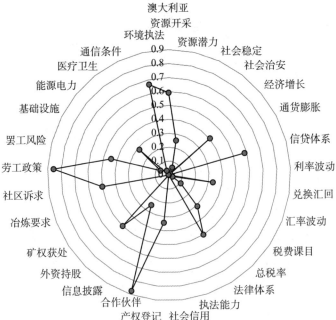

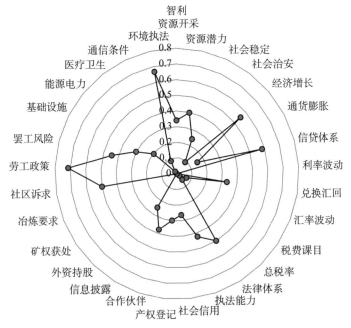

图 6 – 3　第一群簇矿业国家风险分布雷达图

（2）土耳其、俄罗斯、哈萨克斯坦、阿根廷、巴西、印度尼西亚为第二群簇。这一群簇的国家在矿业投资风险上的共同特点是资源潜力好；经济金融风险处于中高位水平（体现为部分国家经济增长回落，如俄罗斯、巴西、阿根廷；部分国家利率波动性较大，如土耳其、俄罗斯、巴西、哈萨克斯坦和阿根廷；部分国家货币币值不稳定，对内反映为较高的通货膨胀率，如阿根廷；对外反映为货币贬值，如哈萨克斯坦、阿根廷以及 2018 年的土耳其），如图 6 – 4 所示。

（3）秘鲁、菲律宾、印度、南非四国隶属第三群簇。这一群簇的国家在矿业投资风险上的共同特点是近年经济增长和货币金融环境均较为稳定（例外是南非因政策的变化导致经济下滑）；在矿产资源勘探开发领域，对外资持股比例、矿业权取得和处置，以及矿产品境内冶炼要求等具有较为严格的限制性规定，矿业政策风险较大，如图 6 – 5 所示。

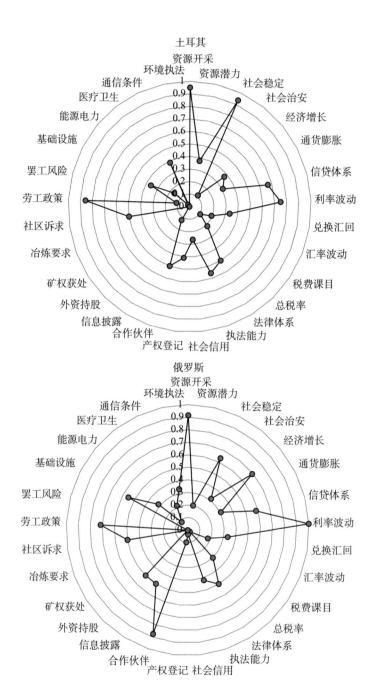

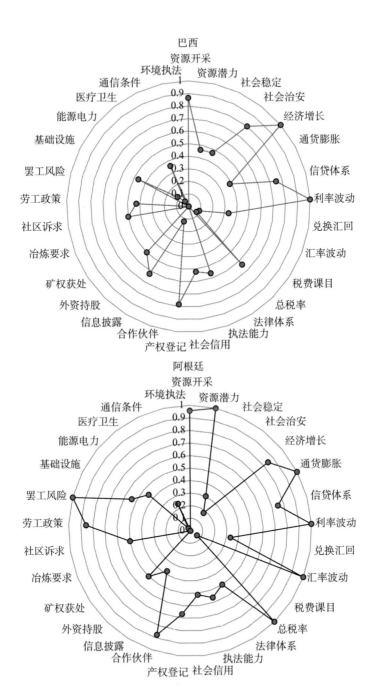

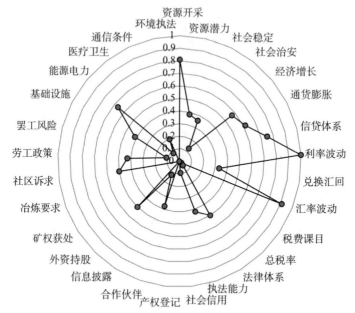

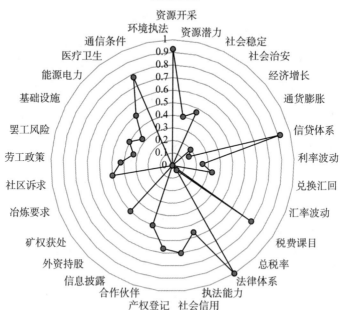

图 6 - 4　第二群簇矿业国家风险分布雷达图

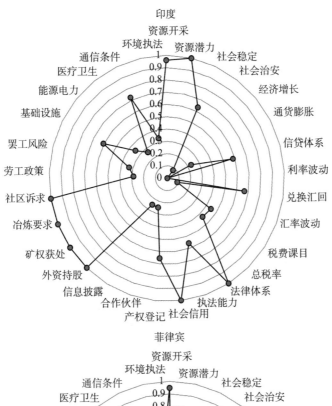

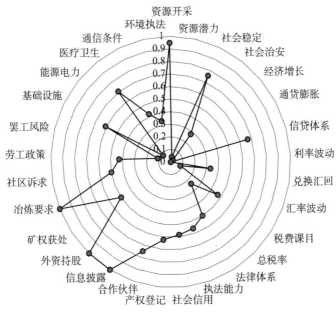

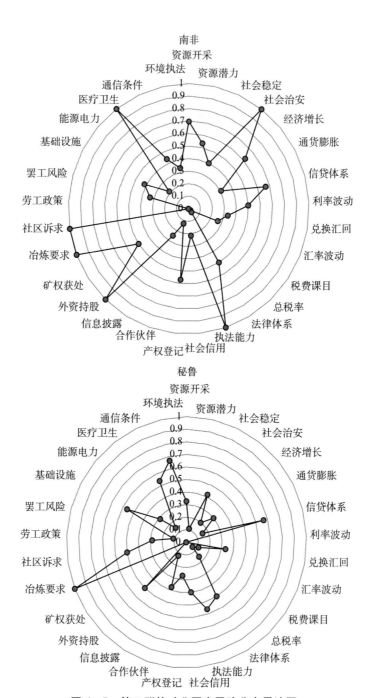

图 6-5　第三群簇矿业国家风险分布雷达图

（4）洪都拉斯、危地马拉、坦桑尼亚、赞比亚、刚果（金）组成第四群簇。如图 6-6 所示，这一群簇的国家在矿业投资风险上的共同特点是基础设施建设、通信条件、能源电力供给以及医疗卫生水平等相对落后，基础资源风险较高；在信息披露、合作伙伴、产权登记、社会信用以及政府效率等方面保障机制和效率不足，企业运营存在较高的制度风险；五国总体税负水平不高，但除危地马拉外，其余四国税费课目繁杂，进入该国市场前应对其税收体制进行详细了解，以避免纳税环节风险。

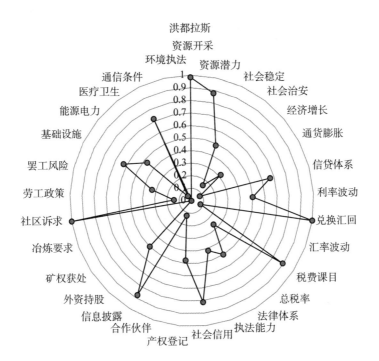

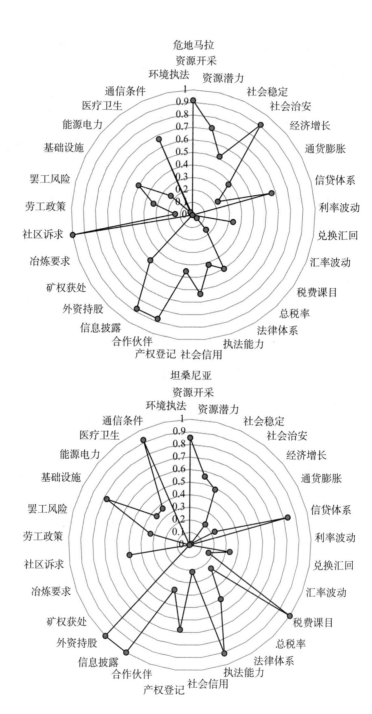

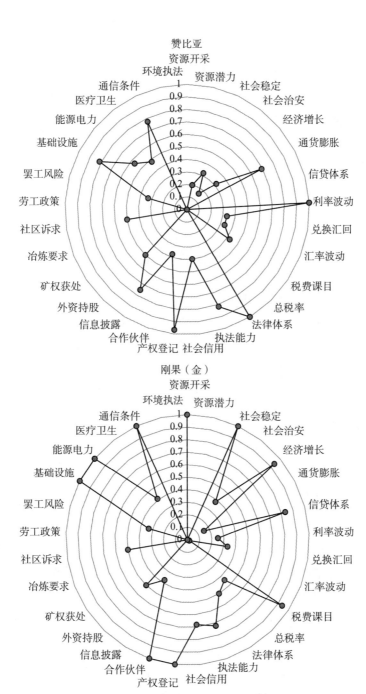

图 6-6　第四群簇矿业国家风险分布雷达图

如上所述，基于投资风险对主要矿业国家进行聚类分析，将投资风险要素结构特征相似的国家划分在同一群簇中进行考察，并结合前述风险区域排序，有利于为投资决策提供更为清晰的参考依据，有针对性地对投资目标进行优选。

6.3　风险指标的贡献度分析

6.3.1　风险指标贡献度系数的计算

运用深度学习模型对各国矿业投资风险进行评价时，为保证评价结果全面可靠，选取了尽可能全面的指标，但实际上，各项指标数据对最终评价结果的影响是不同的。从多个不确定性因素中逐一找出对评价结果具有重要影响的因素，并分析、测算其影响程度，进而判断项目承受风险的能力，称为灵敏度分析。常见的灵敏度分析方法的缺点是每次只允许一个因素发生变化而假定其他因素不变，这与实际情况可能不符：（1）一次只分析一个因素的变化量，在计算上不是很有效；（2）不能考虑各因素之间的相互作用对模型输出结果的影响；（3）对某一参数进行分析时，其他参数的不同取值会影响其灵敏度。解决以上问题的方法是先进行全局灵敏度分析，即从整体上考虑输入变量的不确定性对输出响应的影响，根据指标的灵敏度进行分类排序，再在此基础上，再对高灵敏度的重要指标深入量化测试其不确定性对风险等级的影响。

对于全局灵敏度分析，索特里等（Saltelli et al.，1990）和赫尔顿等（Helton et al.，2006）提出了非参数方法，索伯（Solbol，2001）提出了基于方差的分析方法，以及博格诺沃（Borgonovo，2007）提出矩独立分析法。这些方法大多需要设定输入值的分布概率，不完全适用于矿业投资风险评价问题。考虑到矿业投资风险评价是一个复杂的系统性问题，各个风险因素之间往往具有较强的联动性，本章延续第 4 章和第 5 章的思路，提出了一个基于深度学习的指标贡献度全局分析的方法，定量分析各风险指标对模型输出结果不确定性的贡献率。基本思路是：从第 5 章构建并经过验证的深度学习模型中取得每一层降维的权重分布构造矩阵，设计适当的算法，对这些矩阵进行处理，得到每个指标对最终结论的贡献度系数。

以一个 L 层的风险评价深度网络为例，其第 l 层风险评价特征值 $z^{(l)}$ 可用下式表示：

$$z^{(l)} = W^{(l)} \cdot f_l(z^{(l-1)}) + b^{(l)} \tag{6-4}$$

其中，$W^{(l)}$ 表示 $l-1$ 层到第 l 层的权重矩阵，权重赋值越高，表示该项特征值贡献度越大；$b^{(l)}$ 表示 $l-1$ 层到第 l 层的偏置；f_l 为激活函数，本节构建的深度学习模型中采用了 sigmoid 函数，函数表达式为 $f_l(x) = \dfrac{1}{1 + e^{-x}}$。为方便计算，本部分将 sigmoid 函数用正比例函数 $f(x) = x$ 代替，由于 sigmoid 函数为单调递增函数，较大的输入一定会得到较大的输出，故进行简化后，不会改变各个维度指标影响力的相对大小。

则简化后，有

$$z^{(l)} = W^{(l)} \cdot z^{(l-1)} + b^{(l)} \tag{6-5}$$

本节最终确定的模型为 5 层的神经网络结构，又因为有 $x = a^{(0)}$（$a^{(l)} = f_l(z^{(l)})$，表示 l 层风险评价特征值的活性值），所以

$$\begin{aligned} y = {} & W^{(4)} \cdot W^{(3)} \cdot W^{(2)} \cdot W^{(1)} \cdot x + (W^{(4)} \cdot W^{(3)} \cdot W^{(2)} \cdot b^{(1)} \\ & + W^{(4)} \cdot W^{(3)} \cdot b^{(2)} + W^{(4)} \cdot b^{(3)} + b^{(4)}) \end{aligned} \tag{6-6}$$

即

$$y = W \cdot x + b^* \tag{6-7}$$

其中 b^* 是一个与 x 不相关的常数项，W 是网络各层之间连接权值的乘积，即

$$W = W^{(4)} \cdot W^{(3)} \cdot W^{(2)} \cdot W^{(1)} \tag{6-8}$$

这里矩阵 W 表达了各个指标对各个风险等级的贡献程度，我们将之定义为贡献度系数矩阵。因为矿业投资风险评价中正贡献与负贡献有同等重要的作用，所以对矩阵 W 取绝对值，并除以矩阵中的最大元素进行归一化。考虑到 DNN 初始化权值时采用随机初始化的方式，最终的矩阵 W 具有一定的随机性，使用多次训练计算矩阵 W 并取平均值的方式抵消随机性。

在 Matlab 中输入 21 个国家 29 个风险特征值并执行上述运算，取 100 次训练的均值，得到贡献度系数矩阵 W_c 如表 6-2 所示。

表 6-2　　　　　　　　　风险指标贡献度系数矩阵

风险指标	Ⅰ级风险域	Ⅱ级风险域	Ⅲ级风险域	Ⅳ级风险域	Ⅴ级风险域
资源开采	0.073795	0.409084	0.267076	0.309792	0.067209
资源潜力	0.029234	0.168892	0.358762	0.466858	0.045696
社会稳定	0.190540	0.101614	0.204901	0.094716	0.044617
社会治安	0.072928	0.332502	0.327715	0.433151	0.117565
经济增长	0.409801	0.124374	0.284534	0.231327	0.344947
通货膨胀	0.263306	0.260625	0.491138	0.608532	0.062779
信贷体系	0.156978	0.203693	0.600732	0.180176	0.230897
利率波动	0.094905	0.388046	0.442831	0.198052	0.041207
兑换汇回	0.095742	0.111143	0.241047	0.381532	0.161550
汇率波动	0.116487	0.110945	0.427333	0.304432	0.023254
税费课目	0.126838	0.102209	0.163643	0.168355	0.092379
总税率	0.113122	0.257900	0.201159	0.178100	0.279562
法律体系	0.055448	0.482596	0.394155	0.199224	0.336561
执法能力	0.271754	0.207069	0.516398	0.338926	0.081231
社会信用	0.077689	0.284485	0.325461	0.533353	0.086029
产权登记	0.084303	0.110457	0.497365	0.147760	0.141716
合作伙伴	0.075074	0.300146	0.187603	0.255401	0.143444
信息披露	0.056633	0.077038	0.205527	0.270517	0.170481

风险指标	Ⅰ级风险域	Ⅱ级风险域	Ⅲ级风险域	Ⅳ级风险域	Ⅴ级风险域
外资持股	0.171255	0.620201	0.570762	0.278083	0.159129
矿权获处	0.249397	0.217493	0.281984	0.664948	0.045846
冶炼要求	0.075708	0.124908	0.253859	0.186918	0.157713
社区诉求	0.128326	0.187231	0.173253	0.203343	0.149726
劳工政策	0.093460	0.195124	0.329974	0.269316	0.159265
罢工风险	0.144885	0.131377	0.306562	0.144782	0.199728
基础设施	0.142366	0.137406	0.356743	0.236168	0.101780
能源电力	0.069496	0.107577	0.259371	0.189619	0.126419
医疗卫生	0.147463	0.126409	0.496814	0.146832	0.087123
通信条件	0.133745	0.264298	0.309974	0.143785	0.080830
环境执法	0.121717	0.143357	0.381811	0.172541	0.158023

表 6-2 中的贡献度系数排列可直观展示为图 6-7。

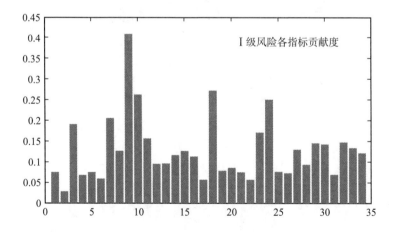

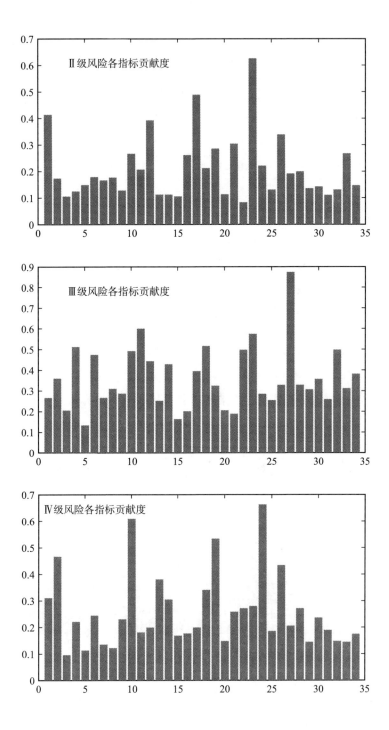

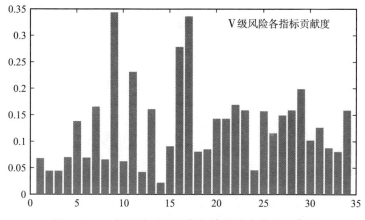

图 6 - 7 五级风险域风险指标的贡献度排列示意图

根据表 6 - 2 和图 6 - 7 可以得到下面的结论：

（1）矿业投资风险评价是一个复杂的系统性问题，各个风险指标共同对最终风险等级的判定产生影响，但这种影响，或者说对评价结果的贡献存在较大差异：贡献度系数较大的指标，当指标取值发生变化时，将以较大的权重将这种变化传导至最终风险等级判定，灵敏度更高；而对于贡献度系数较小的指标，当指标取值发生同等变化时，显然对评价结果的影响是相对较弱的，也就是更不具有灵敏性。

（2）同时在研究中，我们意外地发现，经过基于 DNN 的机器学习所确定的评价模型，在五个风险层级上，各风险指标对评价结果的影响度是动态变化的。也就是说，当风险等级发生变化时，同一指标的贡献度系数也相应进行了变动。以经济增长为例，对于 I 级风险，这一指标的贡献度为 0.4098，具有最大的影响力，而当风险水平降到 II 级时，其贡献度系数变为 0.1244，对评价结果的影响极大地减弱了，相应地在这一层级，外资持股对风险评价结果发挥了更大的影响（贡献度系数从 0.1713 升至 0.6202）。这种动态赋权，经过机器自动学习确定，是其他方法所无法做到的。这一发现从另一角度证明了深度学习方法在风险评价领域，对复杂关系的处理所具有的优越性。

6.3.2 风险指标的贡献度分类

设定风险指标的贡献度分类为：在每一个风险等级下，贡献度系数大于 0.25 的，为高贡献度指标；贡献度系数位于区间（0.15，0.25］的，为中贡献度指标；贡献度系数小于等于 0.15 的，为低贡献度指标，则有表 6 - 3 如下（各分类下指标按贡献度从高到低排列）：

表 6 - 3　　　　　　　　　风险指标贡献度系数矩阵

指标分类	Ⅰ级风险	Ⅱ级风险	Ⅲ级风险	Ⅳ级风险	Ⅴ级风险
高贡献度指标	经济增长	外资持股	信贷体系	矿权获处	经济增长
	执法能力	法律体系	外资持股	通货膨胀	法律体系
	通货膨胀	资源开采	执法能力	社会信用	总税率
		利率波动	产权登记	资源潜力	
		社会治安	医疗卫生	社会治安	
		合作伙伴	通货膨胀	兑换汇回	
		社会信用	利率波动	执法能力	
		通信条件	汇率波动	资源开采	
		通货膨胀	法律体系	汇率波动	
		总税率	环境执法	外资持股	
			资源潜力	信息披露	
			基础设施	劳工政策	
			劳工政策	合作伙伴	
			社会治安		
			社会信用		
			通信条件		
			罢工风险		
			经济增长		
			矿权获处		
			资源开采		

续表

指标分类	Ⅰ级风险	Ⅱ级风险	Ⅲ级风险	Ⅳ级风险	Ⅴ级风险
高贡献度指标			能源电力		
			冶炼要求		
中贡献度指标	矿权获处	矿权获处	兑换汇回	基础设施	信贷体系
	社会稳定	执法能力	信息披露	经济增长	罢工风险
	外资持股	信贷体系	社会稳定	社区诉求	信息披露
	信贷体系	劳工政策	总税率	法律体系	兑换汇回
		社区诉求	合作伙伴	利率波动	劳工政策
		资源潜力	税费课目	能源电力	外资持股
			社区诉求	冶炼要求	环境执法
				信贷体系	冶炼要求
				总税率	
				环境执法	
				税费课目	
低贡献度指标	医疗卫生	环境执法		产权登记	社区诉求
	罢工风险	基础设施		医疗卫生	合作伙伴
	基础设施	罢工风险		罢工风险	产权登记
	通信条件	医疗卫生		通信条件	能源电力
	社区诉求	冶炼要求			社会治安
	税费课目	经济增长			基础设施
	环境执法	兑换汇回			税费课目
	汇率波动	汇率波动			医疗卫生
	总税率	产权登记			社会信用
	兑换汇回	能源电力			执法能力
	利率波动	税费课目			通信条件
	劳工政策	社会稳定			资源开采
	产权登记	信息披露			通货膨胀

续表

指标分类	Ⅰ级风险	Ⅱ级风险	Ⅲ级风险	Ⅳ级风险	Ⅴ级风险
低贡献度指标	社会信用				矿权获处
	冶炼要求				资源潜力
	合作伙伴				社会稳定
	资源开采				利率波动
	社会治安				汇率波动
	能源电力				
	信息披露				
	法律体系				
	资源潜力				

（1）从指标贡献度在各风险层级的总体分布来看，高贡献度指标的分布大体呈正态分布，位于中间层级的Ⅲ级风险区域高贡献度指标的分布是最为广泛的，覆盖了矿产资源、社会风险、经济金融、制度运营、社区劳工、基础资源以及环境保护等方面，共计22个指标，均对这一层级的国家综合风险判断产生较大影响，也就是说，当我们对这一风险层级的国家进行风险预警和检测时，需要考量绝大部分的维度；而当风险等级向两侧延伸时，对风险判断产生重要影响的指标越来越少了。对于位于Ⅰ级风险区域的国家，我们只需要重点关注其经济增长、执法能力以及通货膨胀的变化情况即可。而对于位于低风险（Ⅴ级）区域的国家，经济增长、法律体系和总税率的变动具有更高的敏感性。

（2）从影响范围看，不同风险层级下具有最大影响力的指标呈现不同特点。各层级贡献度排前三的指标分别为：

Ⅰ级——经济增长、执法能力、通货膨胀

Ⅱ级——外资持股、法律体系、资源开采

Ⅲ级——信贷体系、外资持股、执法能力

Ⅳ级——矿权获处、通货膨胀、社会信用

Ⅴ级——经济增长、法律体系、总税率

从中可以发现，对于风险等级位于两侧（极高和极低风险）的国家，对其风险变化产生重大影响的主要是宏观经济形势、法律体系与政府效率，以及总体税负情况。而对中间层级（Ⅱ、Ⅲ、Ⅳ级）的国家，则需更多地关注投资目标国政府矿业政策的变化（如对矿业外资持股和矿业权取得的限制性规定），在执行矿业投资项目时，也要注意调研当地的社会信用履行情况，并投入更多的资金和人力进行矿区社区建设，以降低当地居民对矿产资源开采的对抗性风险。

6.4　基于指标贡献度的样本国家矿业投资风险动态监测

如前所述，经过基于 DNN 的机器学习所确定的风险评价模型，在五个风险层级上，各指标对评价结果的贡献率是动态变化的。反映了深度学习方法对复杂关系处理的高度优越性。这一结论从模型经济应用的角度，也有利于我们区分不同风险域，优选具有高灵敏度和易变性，数据可及时获取的重要指标，量化测试其不确定性对风险等级的影响，并据此对位于该风险域的国家进行投资风险变化的局部动态监测，及时发现接近或超过风险拐点（临界值）的变化，采取快速有效的应对措施。

定义使得风险发生一个等级变动的指标最小取值与变动前指标取值之差为指标变动临界值，临界变动值与该项指标标准值的比为指标临界变动率，则对应一个风险等级变动的指标临界变动值与变动率计算公式如下：

$$指标临界变动值 = 风险变动 1 等级指标最小取值$$
$$- 变动前指标取值 \qquad (6-9)$$

$$指标临界变动率 = \frac{指标变动临界值}{该项指标标准值} \times 100\% \qquad (6-10)$$

6.4.1　Ⅰ级风险域国家群簇矿业投资风险动态监测

Ⅰ级风险域投资风险评价高贡献度指标主要有经济增长、执法能力和通货膨胀三项。也就是说，对于位于该区域的矿业国家，改善其风险环境首先需要考虑的是改善经济基本形势和提高政府执政效率。由于执法能力指标数据报送的滞后性，且短期内一般没有较大变化，本部分主要就经济增长和通货膨胀两个指标，测试其变动对最终风险等级判断的不确定性影响。

根据指标赋值标准和取值特性，经济增长标准值取 100%，通货膨胀标准值取 10，基期（2016 年）没有被判定为Ⅰ级风险的国家，考虑到各项数值接近中位数，以 2009 年危地马拉为基准进行指标敏感性测试，根据式（6-8）和式（6-9），经多次测试可得，对应一个风险等级变动，经济增长临界变动值 3%，变动率 3%；通货膨胀临界变动值 4，变动率 40%。

6.4.2　Ⅱ级风险域国家群簇矿业投资风险动态监测

Ⅱ级风险域投资风险判定高贡献度指标主要有外资持股、法律体系、资源开采、利率波动、社会治安、合作伙伴、社会信用、通信条件、通货膨胀、总税率 10 个指标。考虑到其中法律体系、资源开采、合作伙伴、社会治安、通信条件等指标具有延续性，短期内一般没有较大变化，利率波动指标波动范围在一定时期内亦较为稳定，剔除这些指标，就外资持股、社会信用、通货膨胀、总税率 4 个指标分别进行敏感性测试，量化考核其变动对最终风险等级判断的不确定性影响。

根据指标赋值标准和取值特性，外资持股和通货膨胀标准值取 10、社会信用和总税率标准值取 100，以位于该区域的印度为基准，假定其他条件不变，经多次测试可得，对应一个风险等级变动，外资持股变临界变动值为 2，变动率 20%；社会信用临界变动值 30，变动率 30%；通货膨胀临界变动值 5，变动率 50%；总税率临界变动值 50，变动率 50%。

21 个样本国家中 2016 年风险评级为 Ⅱ 级的国家仅有印度，其 2018 年高贡献度短期风险指标变动情况如表 6 - 4 所示。

表 6 - 4　　　　Ⅱ 级风险域矿业国家 2017 ~ 2018 年高贡献度
短期风险指标变化

国家	外资持股					社会信用				
	2016 年	2017 年	变动率%	2018 年	变动率%	2016 年	2017 年	变动率%	2018 年	变动率%
	6	6	0	6	0	29.04	38.9	9.86	40.76	11.72

	通货膨胀					
印度	2016 年		2017 年		2018 年	
	风险分值	原值%	风险分值	变动率%	原值%	风险分值	变动率%
	1.5	3.6	1	- 5	4.7	1.5	0

	总税率				
	2016 年	2017 年	变动率%	2018 年	变动率%
	56.7	57.1	0.4	57.08	0.38

注：2018 年通货膨胀率为预测值，取自 IMF2018 年 10 月《世界经济展望》报告。其余指标赋值标准与数据来源如章节 3.4。

根据表 6 - 4 可以看出，印度 2017 年、2018 年高贡献度短期指标变化情况较为稳定，单个指标的变动率均未达临界值。社会经济总体稳定，货币贬值在可控范围，而总体税负等企业营商软环境，以及外资限制性规定等未有明显改善趋势，在其他因素不出现较大变动的情况下，2018 年印度矿业投资风险区域较大可能维持原有风险区域。

6.4.3 Ⅲ级风险域国家群簇矿业投资风险动态监测

位于中间层级的Ⅲ级（即较高投资风险）风险域，其高贡献度指标的分布是最为广泛的，覆盖了矿产资源、社会风险、经济金融、制度运营、社区劳工、基础资源以及环境保护等各个方面，包括信贷体系、外资持股、执法能力、社会治安、产权登记等共计 22 个指标。同样地，考虑上述指标的延续性与稳定性，以及数据的可即时获取性，筛选其中易变和具有代表性及典型性的指标，对Ⅲ级风险域国家群簇矿业投资风险从两个方面进行跟踪监测：一是各国当前年度基本社会、经济形势的变化。考虑到社会风险通常具有稳定性，而经济金融风险中利率波动范围及信贷体系短期内也不会有太大变化，其他如基础设施、资源状况、医疗卫生条件等也具有较强的延续性，这一部分主要选取了经济增长、通货膨胀、本币汇率波动等指标，从三个方面进行动态风险监测；二是及时跟踪各主要矿业国家矿山所在地社会信用水平，以及矿业法规、政策等制度运营环境的改变。由于信贷体系、执法能力、劳工政策、罢工次数、资源开采等特征数据报送的滞后性，不能够即时取得，所以这一部分主要从高贡献度指标中选取了产权登记、社会信用、外资持股、矿权获处和冶炼要求五个项目，对投资东道国制度运营环境变化和矿业法规、政策方面的改变进行考察。

位于这一风险区域的国家群簇包括亚洲的哈萨克斯坦、菲律宾和印度尼西亚，拉丁美洲的阿根廷、洪都拉斯、危地马拉，以及非洲的南非等 7 个国家。考虑到其中南非各项风险特征值最为接近中位数，以其为基准进行风险指标敏感性测试。根据指标赋值标准和特性取标准值，并经多次测试得到各指标对应一个风险等级变动的临界点如表 6 - 5 所示。

表 6 - 5　　　　Ⅲ级风险域高贡献度短期风险指标临界点

指标		标准值	临界变动值	临界变动率（%）
社会经济形势	经济增长	100%	5%	5
	通货膨胀	10	3	30
	汇率波动	100%	50%	50
制度运营环境	外资持股	10	2	20
	产权登记	100	25	25
	社会信用	100	30	30
	矿权获处	10	4	40
	冶炼要求	10	4	40

其中经济增长用实际 GDP 反映，2016 年、2017 年经济增长率为实际发生值，2018 年数据则为预测值，取自 IMF2018 年 10 月最新发布的《世界经济展望》报告。通货膨胀率用平均消费品价格变化（average consumer prices）反映，数据来源同上。汇率波动用汇率波动率表示，计算公式为：

$$汇率波动率 = \frac{当期对美元汇率 - 上期对美元汇率}{上期对美元汇率} \times 100\%$$

$$(6 - 11)$$

其中当期对美元汇率指比较期 10 月样本国货币对美元平均汇率，上期对美元汇率指基期 10 月样本国货币对美元平均汇率，汇率均为直接标价法。

表 6 - 6、表 6 - 7 概括了位于Ⅲ级风险区域的 7 个主要矿业国家 2017 ~ 2018 年在社会经济和制度运营方面的发展变化状况。从表中可以看出，阿根廷社会信用和制度环境稳定，2017 年 GDP 有显著改

善,经济实际增长率由负值提升至2.9%,变动率4.7%,接近风险拐点;汇率波动幅度收窄,接近临界值,通货膨胀有所改善,币值趋于稳定;同时阿根廷与我国建立了全面战略伙伴关系。综合衡量以上因素的共同影响,就社会经济基本形势而言,预期其矿业投资风险总体有下调可能。而2018年阿根廷经济再次陷入负增长,同时本币继续大幅贬值,汇率波动变动率达51.72%,超出临界值,投资不确定性有上行一个等级的风险。

另外达到或接近临界值的国家是哈萨克斯坦。哈萨克斯坦总体制度运营环境稳定运行,2016年本币汇率大幅下跌,此后两年汇率趋稳回升,变动率分别达55.79%和45.34%,已超出或接近50%的风险拐点,同时考虑到近两年该国国内通货膨胀率下降,经济增长改善,与我国建立了全面战略伙伴关系,多因素联动作用下,矿业投资风险向好,有下行一个等级的可能性。

表6-6　　　Ⅲ级风险域矿业国家2017~2018年经济政治
形势高贡献度短期风险指标变化

国家	汇率波动（%）				
	2016年	2017年	变动率	2018年	变动率
哈萨克斯坦	54.31	-1.48	-55.79	8.97	-45.34
印度尼西亚	-0.61	1.64	2.25	12.22	12.83
菲律宾	4.37	8.11	3.74	5.19	0.82
阿根廷	59.84	18.37	-41.47	111.56	51.72
洪都拉斯	4.05	2.76	-1.29	2.59	-1.46
危地马拉	-0.72	-3.41	-2.69	5.21	5.93
南非	15.29	-6.81	-22.10	5.66	-9.63

资料来源:国际货币基金组织、世界银行、商务部、外交部。

表 6 - 7　Ⅲ级风险域矿业国家 2017～2018 年经济政治形势高贡献度短期风险指标变化（续）

国家	经济增长（%）				通货膨胀									
	2016 年	2017 年	变动率	2018 年	变动率	2016 年	2017 年			2018 年		
						风险分值	原值%	风险分值	变动率%	原值%	风险分值	变动率%
哈萨克斯坦	1.1	4.0	2.9	3.7	2.6	4	7.4	2	-20	6.4	2	-20
印度尼西亚	5.0	5.1	0.1	5.1	0.1	1	3.8	1	0	3.4	1	0
菲律宾	6.9	6.7	-0.2	6.5	-0.4	0	2.9	0.5	5	4.9	1.5	15
阿根廷	-1.8	2.9	4.7	-2.6	-0.8	6.5	25.7	6	-5	31.8	6.5	0
洪都拉斯	3.8	4.8	1.0	3.5	-0.3	0.5	3.9	1	5	4.4	1.5	10
危地马拉	3.1	3.7	0.6	2.8	-0.3	1.5	2.6	0.5	-10	3.0	1	-5
南非	0.6	1.3	0.7	0.8	0.2	2	5.3	1.5	-5	4.8	1.5	-5

157

表6-8　Ⅲ级风险域矿业国家2017~2018年制度运营环境高贡献度短期风险指标变化

国家	产权登记					社会信用				
	2016年	2017年	变动率%	2018年	变动率%	2016年	2017年	变动率%	2018年	变动率%
哈萨克斯坦	93.76	93.93	0.17	93.93	0.17	71.97	71.97	0	73.73	1.76
印度尼西亚	60.82	60.79	-0.03	66.33	5.51	43.21	46.08	2.87	48.07	4.86
菲律宾	62.82	62.83	0.01	62.84	0.02	48.74	48.74	0	48.74	0
阿根廷	60.63	60.64	0.01	60.66	0.03	52.07	52.07	0	52.07	0
洪都拉斯	70.11	70.12	0.01	69.01	-1.10	37.90	37.90	0	37.90	0
危地马拉	71.34	71.41	0.07	71.48	0.14	46.35	46.35	0	46.35	0
南非	65.50	63.71	-1.79	62.91	-2.59	66.14	66.14	0	66.14	0

资料来源：世界银行。

表 6-9　Ⅲ级风险域矿业国家 2017~2018 年制度运营环境高贡献度短期风险指标变化（续）

国家	外资持股			矿权表处						冶炼要求					
	2016 年	2017 年	变动率%	2018 年	变动率%	2016 年	2017 年	变动率%	2018 年	变动率%	2016 年	2017 年	变动率%	2018 年	变动率%
哈萨克斯坦	4	4	0	4	0	4	4	0	4	0	4	4	0	4	0
印度尼西亚	4	6	20	6	20	4	4	0	4	0	4	4	0	4	0
菲律宾	6	6	0	6	0	6	6	0	6	0	6	6	0	6	0
阿根廷	4	4	0	4	0	4	4	0	4	0	4	4	0	4	0
洪都拉斯	4	4	0	4	0	4	4	0	4	0	4	4	0	4	0
危地马拉	4	4	0	4	0	4	4	0	4	0	4	4	0	4	0
南非	6	7	10	7	10	6	6	0	6	0	6	6	0	6	0

资料来源：商务部、外交部、各国政府网站。

和上述三国相反，近年印度尼西亚社会经济形势不确定性因素较少，在开放市场、简化投资手续等方面取得了一定进步，但在矿业领域政策收紧，其继 2015 年取消了与中国、印度、澳大利亚、英国、俄罗斯等 67 个国家的双边投资保护协定后，2017 年初，修订了有关矿产与煤炭开采业务的 2010 年第 23 号总统条例，要求所有外资矿业企业外资股权减少至 49% 以下，同时这些矿企还必须承诺 5 年内建造熔炉，升级当地矿石开采，因此外资持股指标评分上升 2 分，变化已达临界值。而在矿产品冶炼方面，为了减少原矿石出口，提高相关产品的出口附加值，增加国内就业机会，印度尼西亚政府曾于 2009 年颁布第 4 号法令，规定自 2014 年 1 月 12 日起禁止出口原矿，原矿必须在本地进行冶炼或精炼后方可出口，为投资采矿业的外资企业设置了贸易障碍。后又陆续出台法令，将禁止原矿出口政策的实施时间延长至 2017 年 1 月。近期，考虑到本地矿产精炼厂建设进展缓慢，印度尼西亚政府再次附条件延长了禁止原矿出口实施时间[1]。综合上述因素，投资风险有上行空间，向该国投资需重点关注政策风险。

2016 年南非开始实施矿业公司黑人权利措施，规定黑人在矿业企业中占有最低 26% 的股份。2017 年南非矿业黑人经济赋权宪章正式生效，政府宣布修订工业特许契约，把黑人在矿业公司必须持有的股份从 26% 提高到 30%，同时公司董事会必须有 50% 的黑人、25% 的女性，矿业公司必须支付 1% 的营业额给黑人合作伙伴[2]。外资持股指标评分上升 1 分。同时南非近年经济增长缓慢，货币存在贬值现象，但各指标变化率均未达拐点。

6.4.4 Ⅳ级风险域国家群簇矿业投资风险动态监测

Ⅳ级风险域投资风险高贡献度指标主要有矿权获处、通货膨胀、

---

①② 资料来源：中国地质调查局全球地质矿产信息网，https：// geocloud. cgs. gov. cn.

社会信用、资源潜力、社会治安、兑换汇回、执法能力、资源开采、汇率波动、外资持股、信息披露、劳工政策、合作伙伴 13 个指标。考虑到其中资源潜力、兑换汇回、资源开采、合作伙伴、信息披露等指标具有延续性，短期内一般没有较大变化，社会治安、劳工政策、执法能力指标近期数据难以取得，剔除这些指标，就矿权获处、通货膨胀、社会信用、汇率波动、外资持股 5 个指标分别进行敏感性测试，量化考核其变动对最终风险等级判断的不确定性影响。基期风险评级为Ⅳ级的有美国等 11 个国家，以其中各项指标最为接近中位数的智利为基准进行测试，多次测试后得到的风险等级变动临界点如表 6-10 所示。

表 6-10　　　　　　Ⅳ级风险域高贡献度短期风险指标临界点

风险指标	标准值	临界变动值	临界变动率（%）
矿权获处	10	3	30
通货膨胀	10	3	30
社会信用	100	40	40
汇率波动	100%	50%	50
外资持股	10	4	40

　　Ⅳ级风险域国家群簇 2018 年高贡献度短期风险指标变动情况如表 6-11 所示。总体来看，经济方面，2018 年美联储加息预期助推美元在全球范围内走强，资本加速从发展中国家向发达国家转移，使主要矿业国家均出现汇率下降和货币贬值。其中受地缘局势、贸易保护主义加剧以及政策等多方面因素影响，土耳其货币急剧贬值，汇率波动变动率 48.4%，已接近风险拐点，加上国内市场波动，物价上涨，风险预期上升。近期向土耳其进行矿业投资需关注货币不确定性高企对投资和消费需求产生的不利影响。

表6-11　IV级风险域矿业国家2017~2018年高贡献度短期风险指标变化

国家	矿权获处					通货膨胀						
	2016年	2017年	变动率%	2018年	变动率%	2016年	2017年			2018年		
						风险分值	原值%	风险分值	变动率%	原值%	风险分值	变动率%
美国	4	4	0	4	0	0.0	2.1	0.5	5.0	2.4	0.5	5.0
加拿大	4	4	0	4	0	0.0	1.6	0.0	0.0	2.6	0.5	5.0
澳大利亚	4	4	0	4	0	0.0	2.0	0.5	5.0	2.2	0.5	5.0
俄罗斯	4	4	0	4	0	2.0	3.7	1.0	-10.0	2.8	0.5	-15.0
土耳其	4	4	0	4	0	2.0	11.1	3.0	10.0	15.0	4.0	20.0
秘鲁	4	4	0	4	0	1.0	2.8	0.5	-5.0	1.4	0.0	-10.0
巴西	4	4	0	6	20	2.5	3.4	1.0	-15.0	3.7	1.0	-15.0
智利	4	4	0	4	0	1.0	2.2	0.5	-5.0	2.4	0.5	-5.0
赞比亚	4	4	0	5	10	4.5	6.6	2.0	-25.0	8.5	2.5	-20.0
刚果（金）	4	4	0	6	20	0.5	41.5	7.0	65.0	23.0	5.5	50.0
坦桑尼亚	4	5	10	5	10	1.5	5.3	1.5	0.0	3.8	1.0	-5.0

续表

国家	社会信用				汇率波动%					外资持股				
	2016 年	2017 年	2018 年	变动率%	2016 年	2017 年	变动率%	2018 年	变动率%	2016 年	2017 年	变动率%	2018 年	变动率%
美国	73.16	73.16	73.16	0	0.0	0.0	0.0	0.0	0.0	2	2	0	2	0
加拿大	56.75	54.46	54.46	-2.29	3.6	-5.1	-8.7	3.4	-0.2	4	4	0	4	0
澳大利亚	76.34	76.34	76.34	0	1.1	-4.6	-5.7	9.7	8.6	4	4	0	4	0
俄罗斯	74.64	73.81	73.81	-0.83	10.0	-13.9	-23.9	14.1	4.1	4	4	0	4	0
土耳其	63.86	63.86	63.86	0	11.0	21.5	10.5	59.4	48.4	2	2	0	2	0
秘鲁	57.46	57.46	57.46	0	6.0	-3.7	-9.7	—	—	4	4	0	4	0
巴西	51.62	53.13	53.13	1.51	4.9	-8.6	-13.5	17.8	12.9	4	4	0	4	0
智利	63.85	63.85	63.85	0	3.5	-7.0	-10.5	7.6	4.1	2	2	0	2	0
赞比亚	57.53	57.53	59.66	2.13	19.5	-5.6	-25.1	22.4	2.9	6	6	0	6	0
刚果（金）	33.51	33.51	33.51	0	9.1	55.5	46.4	3.9	-5.2	4	4	0	4	0
坦桑尼亚	66.17	66.17	66.17	0	9.3	2.8	-6.5	—	—	6	6	0	6	0

资料来源：世界银行、国际货币基金组织、商务部、外交部、各国政府网站。

　　另外一个风险达到拐点，需要重点关注的国家是刚果（金）。其近两年出现了巨幅通货膨胀，2017 年、2018 年这两年物价评分变动率分别为 65% 和 50%，远远超出临界值，同时货币对外贬值，汇率波动率变动幅度达 46.4%，接近汇率风险临界值。为解决债务问题，缩小财政赤字，2018 年刚果政府颁布实施新矿法，引入新的矿业税种，并上调了全部矿产的特许权使用费比例。其中，铜和钴的特许权使用费从 2% 上调到 3.5%，黄金从 2.5% 上调到 3.5%。与此同时，制定战略矿产目录，对列为战略矿产的矿种，特许权使用费提高至 10%[①]，此项政策调整导致刚果矿权获处指标风险评分上升 20%，接近拐点。综合上述因素，该国总体矿业投资风险有较大概率上行 1 ~ 2 个等级，近期投资项目需做好风险防范措施。

　　除此以外，越来越多的国家重视战略资源，推出战略矿产或关键矿产目录，并通过税费等多种手段加强战略资源管控和安全供应。2018 年 5 月，美国公布 35 种关键矿产目录，包括铀、铬、钒、锰、钛、镁、钴、铝（铝土矿）、钨、锑、锡、铋、铂族金属、钽、铍、铌、锂、锶、铯、锆、铷、铪、稀土元素族、锗、镓、铪、铟、铼、碲、钾盐、萤石、重晶石、石墨（天然）、砷、氦[②]。目前尚未明确此项举动对外资矿业投入的影响，所以暂未改变其矿业政策评分。

　　巴西对矿业管理体制进行了大刀阔斧的改革：一是撤销矿产开发管理司，成立负责矿业监管的国家矿产局；二是提高矿业权利金，将税基从净销售额改为销售总收入，并按照价格变化实行浮动税率；三是建立战略矿产目录；四是增加了跨境矿产资源税（但允许小矿山支付较少的税率，以铁矿石开采和生产为例，像淡水河谷这样的大型矿业企业，需缴纳 4% 的资源税，但是小型矿企则仅需缴纳 2%）。这

---

① 资料来源：刚果（金）中央银行．统计信息摘要．
② 美国内政部 2018 年 5 月发布。

一政策使得该国矿权获处指标评分上升20%，但尚未达到临界值。而2017年3月坦桑尼亚修改了矿业法，禁止其金和铜精矿出口；提高金矿资源使用费，以取代矿产品出口税，并拒绝矿业公司寻求国际仲裁。赞比亚政府也宣布，提高特许权使用费比例，将浮动特许权使用费比例（3%~9%）提高1.5个百分点，并在铜价超过每吨7 500美元时，引入新的10%的税率。同时将对包括黄金和宝石在内的贵金属征收15%的新出口关税，而铜和钴精矿的进口将征收5%的新关税。这些限制性举措使两国矿权获处风险分值各上升10%，但均未达到风险等级上调边际。

6.4.5　Ⅴ级风险域国家群簇矿业投资风险动态监测

Ⅴ级风险域投资风险高贡献度指标主要有经济增长、法律体系、总税率三项。其中法律体系具有较强延续性，短期内一般没有较大变化。位于本区域的国家有芬兰和瑞典，以芬兰为基准，就经济增长和总税率两项指标分别进行敏感性测试，经济增长标准值取100%，总税率标准值取100，多次测试后得到的风险等级变动临界点为：经济增长临界变动值3%，变动率3%；总税率临界变动值30，变动率30%。

表6-12反映了芬兰和瑞典两国2017~2018年经济增长和总体税负变化情况。两国均属于北欧发达国家，经济增速处于合理区间，总体税负水平较低且保持稳定，尤其芬兰，总税率接近最佳值。在其他因素不出现较大变动的情况下，2018年瑞典和芬兰矿业投资风险等级较大可能维持低风险评级。

表 6 – 12   V级风险域矿业国家 2017 ~ 2018 年
高贡献度短期风险指标变化

国家	经济增长%					总税率				
	2016 年	2017 年	变动率	2018 年	变动率	2016 年	2017 年	变动率 %	2018 年	变动率 %
芬兰	2.1	2.8	0.7	2.6	0.5	83.29	82.99	– 0.30	82.59	– 0.70
瑞典	3.2	2.1	– 1.1	2.4	– 0.8	66.66	66.65	– 0.01	66.65	– 0.01

资料来源：国际货币基金组织、世界银行。

综上所述，总体而言，2018 年受到贸易壁垒增加，基本面较弱和社会风险较高的新兴市场经济体资本流入出现逆转等因素的影响，在矿业政策高度不确定的环境下，主要矿业国家增长势头减弱，金融状况收紧，面临的风险偏于上行。未来一段时期在进行矿业境外投资时，应考虑经济下行风险，在金融状况可能突然大幅收紧的环境下提高抗冲击能力。各经济体走势出现分化，全球矿业市场也明显受到影响，国际矿产品价格快速回升的势头受到遏制，矿业公司投资更加谨慎。重要矿产资源国过去两年中出于对政府财政收入下降和经济发展减速的担忧，很多国家政府通过税收和特许权使用费在矿业领域寻租，或者出于国内资源保护的考虑，加强对战略矿产资源的管控，限制国外资本在矿业领域的发展，增加本国政府或国内企业对资源的控制与参股份额。矿业项目持续时间长，前期需要大量资金投入，风险高，东道国矿业政策的长期性与延续性，是投资者需要考量的重要风险因素。

6.5　矿业境外投资风险防范的政策建议

为降低矿业企业风险，可以考虑从宏观方面加强和完善政府的服务职能，通过政策支持和宏观管理，引导和鼓励企业"走出去"开发利用国外矿产资源；从微观角度，对矿业企业境外投资面临的风险，有针对性地采取解决措施，提高国际竞争力。

6.5.1　建立有效的矿业境外投资宏观管理与引导机制

1. 营造良好的国际环境，强化国家境外风险的处置能力

积极参与国际规则、制度的设计和维护，透过国际机制维护自身权益。当前国际格局正处于变革和调整时期，面对这一难得的战略机遇期，中国应更多参与到国际事务运作和国际性话题的讨论，以及国际规则的制定工作中，使其朝着更加公平合理的方向发展。同时，通过双边外交、经贸合作等途径，充分利用市场优势，与资源国建立良好的合作关系，争取签订政府间资源勘查开发合作与贸易协议，为中国企业的境外投资，尤其是矿产资源投资提供实质性的保障机制。

2. 建立地质与矿产资源信息共享平台，促进信息服务

参照世界各国风险指南、穆迪投资者服务公司、标准普尔信用评级集团、美洲银行世界信息服务公司等，建立和完善矿业境外投资国家风险评估体系，实行数据定期分析报告制度，构建地质与矿产资源信息共享平台，促进信息服务机构、地勘单位、矿业企业相互结合，实现信息共享。本节即从方法上为构建矿业境外投资国家风险评估体系进行了有益的探索，而研究建立的风险特征数据集，可作为开源数据集，纳入信息共享平台，为矿业投资提供信息服务。

3. 制定完善矿业境外投资风险勘探及矿产品进出口优惠政策

针对矿业开发的特点，参照国际惯例，制定并完善与重要矿产资

源境外风险勘探相关的财政税收政策。根据供应商与供应地的集中程度，以及特定矿种的进口依存度等，制定境外投资项目优惠政策。比如对于重要矿产资源投资，给予贴息或无息贷款、进口许可证有限保证等；制定税收优惠政策，对用于境外勘探开发的国产仪器和设备及零配件等，免征出口环节税费。对国内市场紧缺的矿产品，中方份额返销国内时减免进口关税和进口环节增值税；允许将矿产勘查开发所得利润留在境外，用于进一步的矿产勘查开发项目；政府投资与境外风险勘探项目有关的基础设施建设等。通过多种政策优惠手段，鼓励矿业企业到境外进行重要的矿产资源风险勘探。

6.5.2 加强矿业企业风险管理建设

从微观角度，对矿业企业境外投资面临的风险，有针对性地采取解决措施，提高国际竞争力。我国矿业企业在境外投资选择投资地区时，既要考虑该地区社会经济形势的稳定性，同时也要考虑其财税制度、矿业、土地、环保政策等的稳定性，以及政府行政效率等问题，在社会、经济和环境需要上实现平衡，采取更具前瞻性的协作方法来向所有利益相关方表明，现有采矿活动和采矿收益对当地社区和社会富足的整体贡献程度。

1. 做好勘探开发前期调研，主动适应目标国投资环境

通过政府平台或聘请专业咨询公司，充分掌握目标国经济贸易政策和行业投资环境，出具专业投资可行性报告，注意潜在投资壁垒和风险，完善成本预算，根据实际情况制订项目进度和投资经营效益计划，避免盲目投资所带来的损失。同时充分了解目标国法律体系与执法环境，密切关注当地法律变动的情况，守法经营，防止法律文件及手续出现瑕疵，开展投资合作时坚持守法经营。加强政府、协会与企业间的良性互动，最大限度地提高投资效率，维护企业利益。如根据前面的动态监测所得，印度尼西亚政府 2017 年修订了有关矿产与煤

炭开采业务的 2010 年第 23 号总统条例，要求所有外资矿业企业外资股权减少至 49% 以下，同时陆续出台法令，延长了禁止原矿出口政策的实施时间。向该国投资需密切关注这些法律变动的情况，重点考察政策风险。

2. 在条件允许的情况下实现属地化发展

一是企业经营模式上，以合资经营应对投资目标国"国有化"要求。"国有化"是我国矿业企业境外投资面临的一项重要政策风险，如前述秘鲁群簇，在矿产资源勘探开发领域，对外资持股比例、矿业权取得和处置，以及矿产品境内冶炼要求等存在较为严苛的限制性规定。这些国家试图通过合作模式的创新，使本国在矿产开发、经营和销售领域掌握控制权。针对这一风险群簇的国家，采取与目标国政府或企业合资经营、进行联合投资，是转移"国有化"风险的有效手段。二是在劳动用工方面，对于基础资源状况良好，但劳动用工保护严格的美加澳群簇等，除赶工期、工种技术性强等特殊情况外，不宜大量使用国内工人。应尊重当地风俗习惯和文化，主动适应和融入当地，认真履行社会责任，多雇佣本地有一定技能的员工，加大对当地员工的培训力度。总体而言，提高国际化经营和管理水平，坚持本土化和属地化发展道路，积极化解投资瓶颈，实现企业在海外的长足发展。

3. 积极承担必要的社会责任

矿业企业在目标国开展投资合作，应积极通过各种方式履行社会责任，回馈当地社会，促进当地经济社会的发展。如对于基础设施建设、能源电力供给以及医疗卫生水平等相对落后的坦桑尼亚群簇，以及社区和非政府组织力量强大的国家和地区，可采取帮助当地社区修建公路、桥梁，援建学校、医院，举办联谊活动，加强同当地居民感情沟通等措施，以降低和化解矿山属地社区、居民、非政府组织对矿产资源开发采掘的对抗情绪，获取良好的经营环境。

4. 拓宽融资渠道，建立完善的汇率预警机制

中国银行，中国进出口银行等国内金融机构在海外有大量分支网点，矿业企业应充分利用其网点优势和政策性支持，争取海外分支机构的融资，进一步拓宽资金渠道。同时建立完善的汇率预警机制，对于汇率波动为高贡献度指标，且动态监测中发现汇率波动幅度大，汇率风险高的国家，如阿根廷和哈萨克斯坦等，可根据汇率风险类型选用适当的套期策略，通过衍生金融产品进行套期保值，应对净资产负债表外币敞口，控制汇率变动带来的投资不确定性。

5. 运用商业保险等形式进行风险转移

企业可以利用担保、保险、银行等金融机构和其他专业风险管理机构保障自身利益，在开展对外投资合作过程中使用信用风险保障产品。对因投资所在国（地区）发生的国有化征收、局部冲突、汇兑限制、违约等造成的经济损失提供风险保障。

6.6　本 章 小 结

本章首先将 21 个样本国家 2016 年风险特征数据代入深度学习模型，得到风险评级结果，并针对评级结果，从经济学角度对样本国家矿业投资风险进行评价和分析。在此基础上，提出了一个聚类分析的方法，对各矿业国家基于投资风险相似度进行分类，为矿业企业境外投资项目提供地区优选参考。本章结合了皮尔逊相关系数和欧几里得距离二者之长，提出了一个矿业投资风险相关系数的算法，根据风险指标的评价结果进行相关性检验，以此来衡量 21 个主要矿业国家两两之间的相似度，进行聚类分析。将投资风险要素结构特征相似的国

家划分在同一群簇中进行考察，并结合前述风险排序，为投资决策提供了更为清晰的参考依据，使之有针对性地对投资目标进行优选。

此外，针对风险指标的异质性，本章还提出了一个基于深度学习的指标贡献度全局分析的方法，定量分析各风险指标对模型输出结果不确定性的贡献率，并据此对风险指标进行重要性排序。基本思路是从前述经过验证的深度学习模型中取得每一层降维的权重分布构造矩阵，设计适当的算法，得到最终贡献度系数矩阵，定量分析各风险指标对模型输出结果不确定性的贡献率，并据此优选具有较大影响的指标，作为后续重点关注和跟踪监测的依据。经过研究，我们意外地发现，经过基于深度神经网络的机器学习所确定的模型，在五个风险层级上，各风险指标对评价结果的贡献度是动态变化的。也就是说，同一指标对于不同风险等级的判断，其影响作用是不同的。这显然更加符合经济现实，也从另一角度证明了深度学习方法在风险评价领域，对复杂关系的处理具有优越性。

针对这一发现，进一步地，我们根据指标贡献度大小和指标的短期易变性以及数据的即时可得性进行优选，区分不同风险域，对具有高灵敏度和易变性的重要指标深入量化测试其不确定性对风险等级的影响，并据此对位于该风险域的国家进行投资风险变化的局部动态监测，及时发现接近或超过风险拐点临界值的国家，为投资提供有价值的风险参考。

总体而言，2018 年主要矿业国家社会面大致保持稳定。并且呈现行政效率提升、成本下降的趋势，投资"软环境"有所改善。但经济方面受到贸易壁垒增加，基本面较弱和社会风险较高的新兴市场经济体资本流入出现逆转等因素的影响，主要矿业国家增长势头减弱，金融状况收紧，经济偏于下行。出于对政府财政收入下降和经济发展减速的担忧，很多国家政府通过税收和特许权使用费在矿业领域寻租。或者出于国内资源保护的考虑，加强对战略矿产资源的管控，限制国外资本在矿业领域的发展，增加本国政府或国内企业对资源的控制与参股份额。所以未来一段时期在进行矿业境外投资时，应考虑经济下行风险，以及矿业政策的高度不确定性，在金融状况及矿业政策环境可能突然大幅收紧的状况下提高抗冲击能力。具体来讲，可以从宏观方面加强和完善政府的服务职能，通过政策支持和宏观管理，引导和鼓励企业"走出去"开发利用国外矿产资源；从微观角度，对矿业企业境外投资面临的风险，有针对性地采取解决措施，提高国际竞争力。

第7章

结论与展望

7.1 研究结论

风险是我国重要矿产资源"走出去"进行境外投资面临的一大难题。中国矿业企业境外投资项目的建设期和投资回收期很长,面临着多方面不确定性因素,加上投资数额巨大,项目一旦上马就很难再改变投资方向,所以采用科学方法开展重要矿产资源境外投资风险评价,对于保障我国境外资源权益具有重要战略意义。以往的研究在风险的量化综合评价中做出了有益的尝试,但是对投资风险的提示和评价本质上是一个复杂度较高的高维分类问题,传统模型难以处理如此复杂的数据。同时在风险指标的赋值方面,大多偏于定性分析,在建立科学客观的量化考核指标方面仍有较大的探索空间。本章尝试引入深度学习思想,设定了我国矿业境外投资风险评价指标体系,并采用量化方法设定赋值标准,提出了两个数据集——境外矿业投资风险特征数据集和风险标签数据集,利用深层架构寻找二者之间的映射关系,训练并确定了基于深度学习的矿业境外投资风险评价模型,并将之运用于主要矿业国家风险评价。并在此基础上进行了两个方面的风险解构:一是提出了一个复合聚类分析方法,对各矿业国家基于投资风险相似度进行地区分类，并结合风险排序，为投资决策提供优选依据；二是提出了一个基于深度学习的指标贡献度全局分析的方法，定量分析各风险指标对模型输出结果不确定性的贡献率，并据此针对风险指标进行重要性排序和局部动态监测。通过以上研究，本书取得了以下主要结论：

（1）从深度学习模型的测算结果来看，从方法角度，深度学习模型在用于矿业境外投资风险评价时总体准确度较高，效果良好，方法上具有可行性，成功地通过基于 DNN（深度神经网络算法）的机器学习方式，学习并构建了输入端风险特征值与输出端风险评价判断之间的函数关系，将较低层次的多维特征转换成更高层、更抽象的特征并实现降维，高效地完成了对目标国家矿业投资风险投资风险的等级判断；从经济评价角度，模型测算了主要矿业国家的投资风险，判断了各国所处的风险等级，并对印度提出了严重风险警示。

（2）从主要矿业国家风险相似度聚类分析结果来看，根据风险内涵的同质性，形成了 4 个较为明显的国家群簇：美加澳群簇基础资源状况好，社会较为稳定，制度运营风险较低，但劳工和环境保护严格；土耳其群簇资源潜力好，但经济金融风险较高；秘鲁群簇经济增长和货币金融环境较为稳定，但在矿产资源勘探开发领域，对外资持股比例、矿业权取得和处置，以及矿产品境内冶炼要求等存在较为严苛的限制性规定，政策风险较高；坦桑尼亚群簇基础资源水平比较落后，制度运营保障机制和效率不足，税费课目繁杂，存在较高的制度风险。我国企业进行境外矿业投资时，应综合考虑不同群簇的风险特性和群簇内国家的资源状况及风险排序，做出合理的投资选择，制定有效的风险防范措施。

（3）从风险指标贡献度全局分析的结果来看，经过基于 DNN 的机器学习所确定的评价模型，在五个风险层级上，各风险指标对评价结果的影响度是动态变化的。也就是说，当风险等级发生变化时，同一指标的贡献度系数也相应进行了变动。高贡献度指标在五个风险域大体呈正态分布，即位于中间层级的Ⅲ级（较高投资风险）高贡献度指标的分布是最为广泛的，当我们对这一风险层级的国家进行风险预警和监测时，需要考量绝大部分的维度。而当风险等级向两侧延伸时，对风险判断产生重要影响的指标越来越少了。对于位于Ⅰ级风险等级的国家，需重点关注其经济增长、执法能力以及通货膨胀的变化情况，而对于位于低风险（Ⅴ级）区域的国家，经济增长、法律体系和总税率的变动则具有更高的敏感性。

进一步地，我们根据指标贡献度大小和指标的短期易变性以及数据的即时可得性进行优选，区分不同风险域，对重要指标量化测试其不确定性对风险等级的影响，据此对位于该风险域的国家进行投资风险变化的局部动态监测。根据监测结果，对阿根廷、哈萨克斯坦、土耳其、刚果（金）等指标变动接近或超过临界点的国家，针对其面临的特定风险提出了风险警示。

总体而言，本研究探索性地把深度学习思想运用于风险评价领域，不仅拓展了深度学习的使用边界，丰富了深度学习的经济意义，同时也为矿业境外风险投资风险的评判和解构提供了新的解决方案，为我国矿业宏观调控政策及企业微观风险管理策略的制定提供了重要的参考信息。

7.2　研究展望

本书探索性地对深度学习技术运用于矿业境外投资风险评价这一课题进行了较为全面、系统的研究。虽然取得了一些进展，然而作为一个初步被研究的新领域，本书提出的相关方法还存在效率与性能上的提升空间，未来可以从以下几方面继续展开研究工作：

一是在设定样本标签数据集时，本书选取了弗雷泽研究所年度矿业研究报告中对选定国家和地区投资吸引力指数的评价结果，根据其打分划分为 5 个风险等级，作为模型输出端的目标值（标签或学习榜样），进行网络训练和测试。作为在调查研究领域具有广泛影响力的智库，弗雷泽的调查结果建立在广泛调研和科学设计的基础上，具有较强的代表性和权威性。但本质上这仍然是具有主观性的评价结果，这也在一定程度上造成了本研究的局限性，存在后续改进的空间。

二是在实践中，矿业境外投资包括境外矿产资源勘探开发投资和矿业企业跨国购并等多种形式，其实际操作的方式和侧重点不同，面临的具体风险也有所区别。本书在研究过程中并未对此做出区分，随着研究的进一步开展，可以对风险进行细化，将有助于分析的精确针对性。

三是从总体测试结果来看，深度学习模型在用于风险评价时总体准确度较高，效果良好，证明了这一方法用于矿业投资风险评价的可行性和科学性。但从各次测试结果来看，网络的收敛效果和稳定性还有提高的空间。这主要是由于目前研究力量局限，未能充分扩展样本数量所致。随着研究的扩展和深入，数据的累积和样本量的大幅增加将有助于解决这一问题。另外也可以考虑继续改进算法，尝试网络的套用等，这是以后研究中可以继续探索的部分，或许可以带来一些更有价值的结果。

附　　录

风险指标	2009 年	2010 年	2011 年	2012 年	2013 年	2014 年	2015 年	2016 年
资源开采	3.53	4.09	4.21	3.69	3.36	3.19	2.94	2.76
资源潜力	69.30	69.53	66.46	58.30	64.00	72.21	65.43	69.97
社会稳定	0.45	0.44	0.59	0.63	0.64	0.58	0.68	0.40
社会治安	5.01	4.75	4.69	4.72	4.52	4.43	4.88	4.88
经济增长	-2.78	2.53	1.60	2.22	1.68	2.57	2.86	1.49
通货膨胀	-0.36	1.64	3.16	2.07	1.46	1.62	0.12	1.26
信贷体系	13.86	14.79	14.69	14.51	14.41	14.39	14.19	14.19
利率波动	1.84	0.00	0.00	0.00	0.00	0.00	0.01	0.25
兑换汇回	4.00	4.00	4.00	4.00	4.00	4.00	4.00	6.00
汇率波动	0.00	0.00	0.00	0.00	0.00	0.00	0.00	0.00
税费课目	10.60	10.60	10.60	10.60	10.60	10.60	10.60	10.60
总税率	70.78	71.33	70.62	70.73	70.79	71.84	71.76	71.61
法律体系	2.00	2.00	2.00	2.00	2.00	2.00	2.00	6.00
执法能力	0.22	0.23	0.22	0.22	0.22	0.23	0.23	0.22
社会信用	76.76	76.76	76.76	76.76	74.85	73.16	73.16	73.16
产权登记	88.90	88.90	88.88	88.10	82.23	82.25	82.34	83.32
合作伙伴	9.00	9.00	9.00	9.00	8.60	8.60	8.60	8.60
信息披露	7.40	7.40	7.40	7.40	7.40	7.40	7.40	7.40
外资持股	2.00	2.00	2.00	2.00	2.00	2.00	2.00	2.00

续表

风险指标	2009 年	2010 年	2011 年	2012 年	2013 年	2014 年	2015 年	2016 年
矿权获处	6.00	6.00	6.00	6.00	6.00	4.00	4.00	4.00
冶炼要求	6.00	6.00	6.00	6.00	6.00	6.00	6.00	6.00
社区诉求	4.00	4.00	4.00	4.00	4.00	4.00	4.00	4.00
劳工政策	9.00	9.00	9.00	9.00	9.00	9.00	9.00	9.00
罢工风险	2.00	2.00	2.00	2.00	2.00	2.00	2.00	2.00
基础设施	5.92	5.65	4.64	5.81	5.77	5.82	5.87	5.94
能源电力	88.29	88.29	88.29	88.29	88.29	79.51	79.52	79.52
医疗卫生	4.30	4.20	3.90	3.70	3.30	3.20	3.30	3.10
通信条件	71.00	71.69	69.73	74.70	71.40	73.00	74.55	76.18
环境执法	8.00	8.00	8.00	8.00	8.00	8.00	8.00	8.00

注：附表 1～附表 21 根据正文表 5-2 设定的指标赋值标准和来源采集并测算。

附表 2   加拿大历年矿业投资风险指标数据

风险指标	2009 年	2010 年	2011 年	2012 年	2013 年	2014 年	2015 年	2016 年
资源开采	7.30	8.33	9.10	7.55	7.24	7.33	7.33	7.11
资源潜力	74.50	73.27	74.45	70.30	74.40	76.40	70.62	73.57
社会稳定	1.13	0.94	1.08	1.11	1.06	1.18	1.27	1.26
社会治安	1.81	1.62	1.75	1.57	1.44	1.46	1.68	1.68
经济增长	-2.95	3.08	3.14	1.75	2.48	2.86	1.00	1.41
通货膨胀	0.30	1.78	2.91	1.52	0.94	1.91	1.13	1.43
信贷体系	14.69	15.57	15.89	16.16	14.33	14.23	14.77	14.77
利率波动	2.33	0.21	0.40	0.00	0.00	0.00	0.23	0.07
兑换汇回	4.00	4.00	4.00	4.00	4.00	4.00	4.00	4.00
汇率波动	0.07	-0.10	-0.04	0.01	0.03	0.07	0.16	0.04
税费课目	9.00	8.00	8.00	8.00	8.00	8.00	8.00	8.00
总税率	74.20	76.90	100.00	100.00	100.00	100.00	100.00	100.00
法律体系	4.00	4.00	4.00	4.00	4.00	4.00	4.00	4.00

风险指标	2009 年	2010 年	2011 年	2012 年	2013 年	2014 年	2015 年	2016 年
执法能力	0.22	0.23	0.22	0.22	0.22	0.23	0.23	0.22
社会信用	63.76	63.76	63.76	63.76	63.76	63.76	60.75	56.75
产权登记	84.61	84.61	84.61	84.61	81.48	81.87	81.87	81.87
合作伙伴	9.00	9.00	9.00	9.00	9.00	9.00	9.00	9.00
信息披露	8.00	8.00	8.00	8.00	8.00	8.00	8.00	8.00
外资持股	4.00	4.00	4.00	4.00	4.00	4.00	4.00	4.00
矿权获处	6.00	4.00	4.00	4.00	4.00	4.00	4.00	4.00
冶炼要求	4.00	4.00	4.00	4.00	4.00	4.00	4.00	4.00
社区诉求	4.00	4.00	4.00	4.00	4.00	4.00	4.00	4.00
劳工政策	8.00	8.00	8.00	8.00	8.00	8.00	8.00	8.00
罢工风险	4.00	4.00	4.00	5.00	4.00	4.00	5.00	4.00
基础设施	5.93	5.80	5.88	5.84	5.80	5.47	5.73	5.70
能源电力	55.30	55.30	55.27	55.29	59.23	59.26	59.27	60.01
医疗卫生	5.30	4.60	4.80	5.40	5.30	5.10	5.20	5.20
通信条件	80.30	80.30	83.00	83.00	85.80	87.12	88.47	91.16
环境执法	8.00	8.00	8.00	8.00	8.00	8.00	8.00	8.00

附表3   **俄罗斯历年矿业投资风险指标数据**

风险指标	2009 年	2010 年	2011 年	2012 年	2013 年	2014 年	2015 年	2016 年
资源开采	5.73	5.56	4.87	5.29	4.72	4.75	6.05	6.65
资源潜力	69.00	67.00	68.00	65.40	54.80	67.86	75.00	72.22
社会稳定	−0.97	−0.93	−1.00	−0.82	−0.74	−0.94	−1.03	−0.95
社会治安	15.99	15.99	15.02	13.87	12.88	12.14	11.31	11.31
经济增长	−7.82	4.50	5.28	3.66	1.79	0.74	−2.83	−0.22
通货膨胀	11.66	6.85	8.44	5.09	6.74	7.83	15.53	7.05
信贷体系	20.87	18.09	14.66	13.69	13.46	12.49	13.07	13.07
利率波动	3.08	4.49	2.36	0.64	0.37	1.68	4.58	3.12

续表

风险指标	2009 年	2010 年	2011 年	2012 年	2013 年	2014 年	2015 年	2016 年
兑换汇回	4.00	4.00	4.00	4.00	4.00	4.00	4.00	4.00
汇率波动	0.28	-0.04	-0.03	0.05	0.03	0.21	0.59	0.10
税费课目	7.00	7.00	7.00	7.00	7.00	7.00	7.00	7.00
总税率	67.86	67.86	70.60	70.07	58.92	67.17	66.81	69.71
法律体系	6.00	6.00	6.00	6.00	6.00	6.00	4.00	4.00
执法能力	0.20	0.20	0.20	0.20	0.20	0.21	0.21	0.20
社会信用	76.03	76.03	76.03	75.43	75.73	75.73	74.64	74.64
产权登记	74.75	76.34	76.33	78.94	78.85	85.06	88.34	88.86
合作伙伴	2.00	2.00	2.00	2.00	2.00	2.00	2.00	2.00
信息披露	6.00	6.00	6.00	6.00	6.00	6.00	6.00	6.00
外资持股	8.00	8.00	8.00	8.00	8.00	8.00	4.00	4.00
矿权获处	4.00	4.00	4.00	4.00	6.00	4.00	4.00	4.00
冶炼要求	6.00	6.00	6.00	6.00	6.00	6.00	4.00	4.00
社区诉求	4.00	4.00	4.00	4.00	4.00	4.00	4.00	4.00
劳工政策	8.00	7.00	6.00	6.00	7.00	7.00	7.00	7.00
罢工风险	1.00	1.00	1.00	1.00	1.00	1.00	1.00	1.00
基础设施	3.62	4.46	4.52	4.52	4.61	4.62	4.81	3.61
能源电力	17.01	17.01	16.36	25.71	26.86	70.43	70.52	78.96
医疗卫生	89.00	86.00	81.00	76.00	73.00	70.00	68.00	66.00
通信条件	29.00	43.00	49.00	63.80	67.97	70.52	70.10	73.09
环境执法	6.00	6.00	6.00	6.00	6.00	6.00	4.00	6.00

附表 4 　　　　芬兰历年矿业投资风险指标数据

风险指标	2009 年	2010 年	2011 年	2012 年	2013 年	2014 年	2015 年	2016 年
资源开采	3.52	5.21	5.45	5.53	5.04	5.15	4.63	4.91
资源潜力	73.00	74.00	68.00	69.50	70.80	76.92	76.79	77.50
社会稳定	1.46	1.42	1.39	1.40	1.39	1.28	1.04	1.00

风险指标	2009 年	2010 年	2011 年	2012 年	2013 年	2014 年	2015 年	2016 年
社会治安	2.25	2.22	2.04	1.62	1.65	1.62	1.60	1.60
经济增长	-8.27	2.99	2.57	-1.43	-0.76	-0.63	0.14	2.14
通货膨胀	0.00	1.21	3.42	2.81	1.48	1.04	-0.21	0.36
信贷体系	14.56	14.41	14.19	16.98	15.98	17.29	23.34	23.34
利率波动	2.28	0.27	0.53	0.03	0.25	0.01	0.23	2.28
兑换汇回	2.00	2.00	2.00	2.00	2.00	2.00	2.00	2.00
汇率波动	-0.05	-0.05	0.05	-0.08	0.03	0.00	-0.17	0.00
税费课目	8.00	8.00	8.00	8.00	8.00	8.00	8.00	8.00
总税率	68.69	68.80	79.06	81.65	79.4	80.5	80.20	83.29
法律体系	2.00	2.00	2.00	2.00	2.00	2.00	2.00	2.00
执法能力	0.22	0.23	0.22	0.22	0.22	0.23	0.23	0.22
社会信用	78.37	74.54	74.54	73.45	73.45	70.45	70.45	70.45
产权登记	83.46	83.46	83.46	83.46	83.46	83.46	78.19	78.19
合作伙伴	4.00	4.00	4.00	4.00	4.00	4.00	4.00	4.00
信息披露	6.00	6.00	6.00	6.00	6.00	6.00	6.00	6.00
外资持股	2.00	2.00	2.00	2.00	2.00	2.00	2.00	2.00
矿权获处	4.00	4.00	4.00	4.00	4.00	4.00	4.00	4.00
冶炼要求	8.00	8.00	8.00	8.00	8.00	8.00	6.00	6.00
社区诉求	6.00	2.00	2.00	2.00	2.00	2.00	2.00	2.00
劳工政策	9.00	9.00	9.00	9.00	9.00	9.00	9.00	9.00
罢工风险	4.00	4.00	4.00	3.00	4.00	4.00	4.00	3.00
基础设施	5.87	5.59	5.62	5.58	5.55	5.60	5.45	5.34
能源电力	85.29	85.29	85.27	85.28	85.29	85.29	85.29	85.29
医疗卫生	8.70	6.60	6.70	5.50	5.60	5.30	5.60	4.70
通信条件	82.49	86.89	88.71	89.88	91.51	86.53	86.42	87.70
环境执法	10.00	10.00	10.00	10.00	10.00	10.00	10.00	10.00

附表 5 　　　　　　　　瑞典历年矿业投资风险指标数据

风险指标	2009 年	2010 年	2011 年	2012 年	2013 年	2014 年	2015 年	2016 年
资源开采	3.75	4.86	5.26	5.34	4.72	4.72	4.06	4.04
资源潜力	74.00	73.00	68.00	67.14	69.05	68.52	66.67	75.00
社会稳定	1.09	1.09	1.23	1.17	1.13	1.07	0.95	1.02
社会治安	1.00	0.97	0.86	0.71	0.90	0.90	1.15	1.15
经济增长	-5.18	5.99	2.66	-0.29	-0.29	2.60	4.52	3.23
通货膨胀	4.81	1.16	2.96	0.89	-0.04	-0.18	-0.05	0.98
信贷体系	12.70	12.00	11.48	11.74	11.96	22.50	26.82	26.82
利率波动	3.79	0.38	1.25	0.50	0.38	0.63	0.63	3.79
兑换汇回	4.00	4.00	4.00	4.00	4.00	4.00	4.00	2.00
汇率波动	0.16	-0.06	-0.10	0.04	-0.04	0.05	0.23	0.02
税费课目	6.00	6.00	6.00	6.00	6.00	6.00	6.00	6.00
总税率	59.41	59.23	62.12	62.12	62.12	62.14	66.66	66.66
法律体系	4.00	2.00	4.00	4.00	2.00	4.00	4.00	2.00
执法能力	0.22	0.23	0.22	0.22	0.22	0.23	0.23	0.22
社会信用	66.05	68.20	68.20	68.20	68.20	68.00	68.00	68.30
产权登记	88.31	88.31	92.37	89.59	85.92	86.24	88.47	88.47
合作伙伴	4.00	4.00	4.00	4.00	4.00	4.00	4.00	4.00
信息披露	6.00	8.00	8.00	8.00	8.00	8.00	8.00	8.00
外资持股	4.00	4.00	4.00	4.00	4.00	6.00	6.00	2.00
矿权获处	4.00	4.00	4.00	4.00	4.00	4.00	4.00	4.00
冶炼要求	8.00	8.00	8.00	8.00	8.00	8.00	4.00	6.00
社区诉求	2.00	2.00	2.00	2.00	2.00	2.00	4.00	2.00
劳工政策	8.00	7.00	7.00	8.00	7.00	8.00	7.00	7.00
罢工风险	1.00	1.00	1.00	1.00	2.00	2.00	2.00	2.00
基础设施	5.82	5.76	5.74	5.69	5.60	5.55	5.56	5.58
能源电力	94.99	94.99	94.98	94.91	94.92	94.92	94.92	94.93
医疗卫生	7.10	7.50	6.50	7.10	7.30	7.50	9.20	8.20
通信条件	91.00	90.00	92.77	93.18	94.78	92.52	90.61	89.65
环境执法	8.00	8.00	8.00	8.00	8.00	8.00	8.00	10.00

附表 6 　　　　　土耳其历年矿业投资风险指标数据

风险指标	2009 年	2010 年	2011 年	2012 年	2013 年	2014 年	2015 年	2016 年
资源开采	3.21	4.42	4.21	4.29	4.06	4.11	3.95	3.89
资源潜力	70.00	81.00	73.00	75.00	70.00	47.06	59.09	64.71
社会稳定	-1.03	-0.92	-0.96	-1.22	-1.25	-1.09	-1.49	-2.01
社会治安	5.18	4.24	4.16	4.30	4.30	4.30	4.30	4.30
经济增长	-4.70	8.49	11.11	4.79	8.49	5.17	6.09	3.18
通货膨胀	6.25	8.57	6.47	8.89	7.49	8.85	7.67	7.78
信贷体系	20.62	18.97	16.55	17.89	15.28	16.28	15.57	15.57
利率波动	7.69	3.08	0.65	1.58	3.50	4.02	0.90	1.52
兑换汇回	4.00	4.00	4.00	4.00	4.00	4.00	4.00	4.00
汇率波动	0.19	-0.03	0.11	0.07	0.06	0.15	0.24	0.11
税费课目	11.00	11.00	11.00	11.00	11.00	11.00	11.00	11.00
总税率	73.57	75.16	75.16	79.94	80.04	80.33	79.58	78.67
法律体系	6.00	4.00	4.00	4.00	6.00	4.00	4.00	4.00
执法能力	0.19	0.19	0.19	0.19	0.19	0.20	0.20	0.19
社会信用	65.98	65.98	65.75	65.75	66.88	66.88	67.92	63.86
产权登记	75.62	75.63	75.65	74.99	75.00	73.44	73.44	73.44
合作伙伴	4.00	4.00	4.00	4.00	5.00	5.00	5.00	5.00
信息披露	9.00	9.00	9.00	9.00	9.00	9.00	9.00	9.00
外资持股	2.00	6.00	6.00	2.00	2.00	2.00	2.00	2.00
矿权获处	4.00	6.00	4.00	4.00	4.00	6.00	4.00	4.00
冶炼要求	6.00	6.00	6.00	6.00	6.00	6.00	6.00	6.00
社区诉求	4.00	4.00	4.00	6.00	4.00	4.00	4.00	4.00
劳工政策	6.00	6.00	6.00	6.00	6.00	7.00	7.00	8.00
罢工风险	2.00	2.00	2.00	2.00	2.00	2.00	2.00	2.00
基础设施	3.92	4.21	4.39	4.38	4.45	4.55	4.43	4.42
能源电力	79.53	79.53	79.43	79.80	80.24	86.11	86.28	86.61
医疗卫生	27.00	25.00	24.00	22.00	20.00	20.00	18.00	18.00
通信条件	36.40	39.82	43.07	45.13	46.25	51.04	53.74	58.35
环境执法	6.00	6.00	6.00	6.00	6.00	6.00	4.00	4.00

附表 7　　　哈萨克斯坦历年矿业投资风险指标数据

风险指标	2009 年	2010 年	2011 年	2012 年	2013 年	2014 年	2015 年	2016 年
资源开采	11. 21	11. 36	12. 92	13. 01	9. 94	8. 65	12. 06	14. 77
资源潜力	70. 00	75. 00	70. 00	66. 70	67. 50	54. 55	77. 78	64. 29
社会稳定	0. 78	0. 52	− 0. 34	− 0. 41	− 0. 40	0. 04	− 0. 04	0. 01
社会治安	11. 00	8. 56	8. 58	7. 53	6. 55	5. 20	4. 84	4. 84
经济增长	1. 20	7. 30	7. 40	4. 80	6. 00	4. 20	1. 20	1. 10
通货膨胀	7. 31	7. 12	8. 35	5. 11	5. 84	6. 72	6. 65	14. 51
信贷体系	9. 52	17. 32	17. 53	17. 47	17. 81	17. 90	16. 35	16. 35
利率波动	0. 10	0. 80	0. 10	1. 90	1. 50	0. 10	2. 10	5. 40
兑换汇回	4. 00	4. 00	4. 00	4. 00	4. 00	4. 00	4. 00	4. 00
汇率波动	0. 23	0. 00	0. 00	0. 02	0. 02	0. 18	0. 24	0. 54
税费课目	7. 00	7. 00	6. 00	6. 00	6. 00	6. 00	7. 00	7. 00
总税率	77. 35	85. 84	94. 9	95. 92	95. 92	96. 05	96. 05	95. 68
法律体系	6. 00	4. 00	4. 00	4. 00	4. 00	4. 00	4. 00	4. 00
执法能力	0. 20	0. 20	0. 21	0. 20	0. 20	0. 21	0. 21	0. 20
社会信用	67. 74	67. 74	67. 74	68. 29	68. 29	68. 29	69. 33	71. 97
产权登记	85. 26	85. 31	85. 31	85. 32	85. 27	87. 89	89. 92	93. 76
合作伙伴	1. 00	1. 00	6. 00	6. 00	6. 00	6. 00	6. 00	6. 00
信息披露	4. 00	5. 00	6. 00	6. 00	6. 00	6. 00	8. 00	9. 00
外资持股	6. 00	6. 00	6. 00	6. 00	6. 00	6. 00	4. 00	4. 00
矿权获处	4. 00	4. 00	4. 00	4. 00	4. 00	6. 00	4. 00	4. 00
冶炼要求	6. 00	6. 00	6. 00	6. 00	6. 00	6. 00	4. 00	4. 00
社区诉求	6. 00	6. 00	6. 00	6. 00	6. 00	6. 00	6. 00	6. 00
劳工政策	5. 00	5. 00	5. 00	5. 00	5. 00	5. 00	5. 00	5. 00
罢工风险	1. 00	1. 00	1. 00	1. 00	1. 00	1. 00	1. 00	2. 00
基础设施	3. 49	3. 57	3. 70	4. 05	3. 00	4. 25	4. 25	4. 19
能源电力	72. 71	72. 71	72. 73	72. 82	72. 90	72. 92	72. 96	61. 41
医疗卫生	151. 00	145. 00	134. 00	121. 00	107. 00	93. 00	79. 00	67. 00
通信条件	18. 20	31. 60	50. 60	61. 91	63. 30	66. 00	70. 83	74. 59
环境执法	6. 00	6. 00	6. 00	6. 00	6. 00	6. 00	4. 00	4. 00

附表 8　　　　　印度尼西亚历年矿业投资风险指标数据

风险指标	2009 年	2010 年	2011 年	2012 年	2013 年	2014 年	2015 年	2016 年
资源开采	9.17	9.87	7.85	2.33	7.10	4.78	5.53	5.72
资源潜力	75.00	85.00	84.00	79.00	72.70	68.06	81.67	63.64
社会稳定	-0.75	-0.85	-0.77	-0.59	-0.52	-0.42	-0.62	-0.37
社会治安	0.55	0.44	0.60	0.59	0.55	0.50	0.50	0.50
经济增长	4.63	6.22	6.17	6.03	5.56	5.01	4.88	5.03
通货膨胀	4.81	5.13	5.36	4.28	6.41	6.40	6.36	3.53
信贷体系	17.82	16.18	16.08	17.32	19.82	18.72	22.69	22.69
利率波动	0.90	1.25	0.85	0.61	0.14	0.95	0.06	0.77
兑换汇回	4.00	4.00	4.00	4.00	4.00	4.00	4.00	4.00
汇率波动	0.07	-0.13	-0.04	0.07	0.11	0.13	0.13	-0.01
税费课目	65.00	65.00	65.00	65.00	65.00	65.00	54.00	43.00
总税率	83.50	83.42	91.50	91.41	91.41	91.41	92.57	94.93
法律体系	6.00	4.00	2.00	4.00	4.00	4.00	4.00	6.00
执法能力	0.19	0.19	0.19	0.19	0.19	0.20	0.20	0.19
社会信用	36.55	36.55	36.55	36.55	36.55	43.21	43.21	43.21
产权登记	59.00	61.24	60.94	61.04	60.98	60.93	60.89	60.82
合作伙伴	5.00	5.00	5.00	5.00	5.00	5.00	5.00	5.00
信息披露	10.00	10.00	10.00	10.00	10.00	10.00	10.00	10.00
外资持股	4.00	4.00	4.00	4.00	4.00	4.00	4.00	4.00
矿权获处	6.00	4.00	2.00	6.00	6.00	4.00	4.00	4.00
冶炼要求	4.00	4.00	4.00	4.00	4.00	4.00	4.00	4.00
社区诉求	4.00	4.00	4.00	4.00	4.00	4.00	4.00	4.00
劳工政策	4.00	4.00	5.00	5.00	4.00	4.00	5.00	9.00
罢工风险	4.00	4.00	4.00	4.00	4.00	4.00	4.00	4.00
基础设施	3.20	3.56	3.77	3.75	4.17	4.37	4.19	4.24
能源电力	59.49	59.49	60.19	65.65	71.38	73.07	78.23	78.47
医疗卫生	419.00	415.00	410.00	407.00	403.00	399.00	395.00	391.00
通信条件	6.92	10.92	12.28	14.52	14.94	17.14	21.98	25.45
环境执法	4.00	4.00	4.00	4.00	4.00	4.00	4.00	4.00

附表 9　　　　　　　　**菲律宾历年矿业投资风险指标数据**

风险指标	2009 年	2010 年	2011 年	2012 年	2013 年	2014 年	2015 年	2016 年
资源开采	3.93	3.94	5.65	5.10	6.16	6.62	5.10	4.05
资源潜力	72.00	82.00	85.00	74.30	79.30	58.33	66.67	79.17
社会稳定	−1.73	−1.65	−1.39	−1.19	−1.08	−0.71	−0.86	−1.38
社会治安	6.95	9.56	9.18	8.84	9.38	9.84	9.84	9.84
经济增长	1.15	7.63	3.66	6.68	7.06	6.15	6.07	6.88
通货膨胀	4.22	3.79	4.65	3.17	3.00	4.10	1.43	1.77
信贷体系	15.54	16.69	17.12	17.82	17.02	16.08	14.46	14.46
利率波动	0.18	0.89	1.01	0.98	0.09	0.24	0.05	0.06
兑换汇回	4.00	4.00	4.00	4.00	4.00	4.00	6.00	4.00
汇率波动	0.08	−0.05	−0.04	−0.03	0.01	0.05	0.02	0.04
税费课目	47.00	47.00	47.00	47.00	36.00	36.00	35.00	28.00
总税率	69.68	69.68	74.72	73.71	73.60	76.63	76.63	75.95
法律体系	4.00	4.00	4.00	4.00	4.00	4.00	6.00	4.00
执法能力	0.19	0.19	0.19	0.19	0.19	0.20	0.20	0.19
社会信用	50.62	50.62	50.62	50.62	50.62	48.74	48.74	48.74
产权登记	62.7	62.73	62.70	62.74	62.73	62.74	62.81	62.82
合作伙伴	3.00	3.00	3.00	3.00	3.00	3.00	3.00	3.00
信息披露	2.00	2.00	2.00	2.00	2.00	2.00	2.00	2.00
外资持股	4.00	4.00	4.00	4.00	4.00	8.00	6.00	6.00
矿权获处	6.00	2.00	6.00	6.00	6.00	6.00	6.00	6.00
冶炼要求	6.00	6.00	6.00	6.00	6.00	6.00	6.00	6.00
社区诉求	6.00	6.00	6.00	6.00	6.00	6.00	6.00	4.00
劳工政策	4.00	4.00	5.00	5.00	4.00	4.00	5.00	9.00
罢工风险	1.00	1.00	1.00	1.00	1.00	1.00	1.00	2.00
基础设施	2.91	2.92	3.09	3.19	3.40	3.49	3.44	3.37
能源电力	87.63	87.63	87.37	90.89	90.92	90.80	90.84	90.85
医疗卫生	528.00	531.00	535.00	539.00	543.00	546.00	550.00	554.00
通信条件	9.00	25.00	29.00	36.24	48.10	49.60	53.70	55.50
环境执法	6.00	6.00	6.00	6.00	6.00	6.00	6.00	6.00

附表 10 　　　　　**印度历年矿业投资风险指标数据**

风险指标	2009 年	2010 年	2011 年	2012 年	2013 年	2014 年	2015 年	2016 年
资源开采	6.23	6.99	3.83	3.34	2.98	3.03	3.29	3.07
资源潜力	50.00	50.00	68.00	68.80	50.00	56.25	60.71	37.50
社会稳定	-1.35	-1.28	-1.33	-1.29	-1.23	-1.00	-0.95	-0.95
社会治安	3.42	3.44	3.51	3.43	3.28	3.21	3.21	3.21
经济增长	8.48	10.26	6.64	5.46	6.39	7.41	8.15	7.11
通货膨胀	10.88	11.99	8.86	9.31	10.91	6.65	4.91	4.94
信贷体系	12.98	13.00	13.05	13.13	12.32	12.48	12.97	12.97
利率波动	1.13	2.02	0.00	0.44	0.31	0.04	0.24	0.34
兑换汇回	6.00	6.00	6.00	6.00	6.00	6.00	6.00	6.00
汇率波动	0.11	-0.05	0.02	0.15	0.10	0.04	0.05	0.05
税费课目	35.00	35.00	35.00	35.00	35.00	35.00	35.00	27.00
总税率	47.65	50.20	52.75	54.16	54.32	56.45	56.70	56.70
法律体系	4.00	4.00	4.00	4.00	4.00	4.00	4.00	6.00
执法能力	0.19	0.19	0.19	0.19	0.19	0.20	0.20	0.19
社会信用	29.04	29.04	29.04	29.04	29.04	29.04	29.04	29.04
产权登记	60.29	60.31	60.32	60.56	60.69	60.91	61.17	61.30
合作伙伴	4.00	4.00	4.00	4.00	6.00	6.00	6.00	7.00
信息披露	6.00	6.00	6.00	6.00	7.00	7.00	7.00	8.00
外资持股	4.00	4.00	4.00	4.00	4.00	4.00	4.00	6.00
矿权获处	6.00	6.00	4.00	4.00	6.00	6.00	6.00	8.00
冶炼要求	6.00	6.00	6.00	6.00	6.00	6.00	6.00	6.00
社区诉求	6.00	6.00	6.00	6.00	6.00	6.00	6.00	6.00
劳工政策	4.00	4.00	4.00	4.00	4.00	4.00	4.00	4.00
罢工风险	6.00	7.00	7.00	7.00	5.00	5.00	4.00	4.00
基础设施	3.58	3.58	3.65	3.60	3.60	3.49	3.47	3.38
能源电力	71.52	71.52	71.54	71.58	71.59	63.5	63.74	77.29
医疗卫生	254.00	247.00	241.00	234.00	228.00	223.00	217.00	211.00
通信条件	5.12	7.50	10.07	12.58	15.10	21.00	26.00	29.55
环境执法	6.00	6.00	6.00	6.00	6.00	6.00	6.00	6.00

附表 11   **阿根廷历年矿业投资风险指标数据**

风险指标	2009 年	2010 年	2011 年	2012 年	2013 年	2014 年	2015 年	2016 年
资源开采	3.83	4.42	4.05	4.18	3.26	3.35	2.86	3.35
资源潜力	73.00	71.00	71.00	52.50	47.20	61.43	47.33	37.46
社会稳定	−0.23	−0.08	0.16	0.10	0.07	−0.01	0.01	0.20
社会治安	8.20	8.20	8.20	8.20	8.20	7.51	6.53	6.53
经济增长	−5.92	10.13	6.00	−1.03	2.41	−2.51	2.73	−1.82
通货膨胀	6.28	10.78	9.47	10.03	10.62	23.9	22.5	40.00
信贷体系	18.81	17.67	15.61	17.12	13.61	14.67	16.66	16.66
利率波动	3.81	5.10	3.53	0.03	8.59	1.66	6.02	4.41
兑换汇回	4.00	4.00	4.00	4.00	4.00	4.00	4.00	4.00
汇率波动	0.18	0.05	0.05	0.10	0.20	0.48	0.14	0.60
税费课目	9.00	9.00	9.00	9.00	9.00	9.00	9.00	9.00
总税率	0.00	0.00	0.00	0.00	0.00	0.00	0.00	0.00
法律体系	6.00	6.00	6.00	4.00	6.00	4.00	4.00	4.00
执法能力	0.19	0.19	0.19	0.19	0.19	0.19	0.20	0.19
社会信用	65.38	65.38	65.38	65.38	57.94	52.82	52.07	52.07
产权登记	65.40	62.61	62.60	59.76	59.77	60.64	60.63	60.63
合作伙伴	2.00	2.00	2.00	2.00	2.00	2.00	2.00	2.00
信息披露	7.00	7.00	7.00	7.00	7.00	7.00	7.00	7.00
外资持股	8.00	6.00	6.00	6.00	8.00	6.00	4.00	4.00
矿权获处	6.00	6.00	6.00	6.00	6.00	6.00	4.00	4.00
冶炼要求	6.00	6.00	6.00	6.00	6.00	6.00	4.00	4.00
社区诉求	6.00	6.00	6.00	6.00	6.00	6.00	4.00	4.00
劳工政策	6.00	6.00	6.00	7.00	8.00	8.00	8.00	8.00
罢工风险	10.00	10.00	10.00	10.00	10.00	10.00	10.00	10.00
基础设施	3.11	3.63	3.43	3.58	3.52	3.12	3.08	3.66
能源电力	72.57	72.57	72.56	72.60	72.62	72.60	72.44	72.51
医疗卫生	22.00	20.00	27.00	24.00	24.00	24.00	25.00	24.00
通信条件	34.00	45.00	51.00	55.80	59.90	64.70	68.04	70.97
环境执法	6.00	6.00	6.00	6.00	6.00	6.00	6.00	4.00

附表 12　　　　　**秘鲁历年矿业投资风险指标数据**

风险指标	2009 年	2010 年	2011 年	2012 年	2013 年	2014 年	2015 年	2016 年
资源开采	48.97	53.26	51.07	49.78	48.60	45.74	48.56	52.34
资源潜力	81.00	85.00	82.00	65.20	72.90	80.36	70.90	76.09
社会稳定	-1.18	-1.00	-0.76	-0.91	-0.81	-0.55	-0.40	-0.20
社会治安	10.24	9.22	5.43	6.49	6.59	6.70	7.16	7.16
经济增长	1.10	8.33	6.33	6.14	5.85	2.38	3.25	3.95
通货膨胀	2.94	1.53	3.37	3.65	2.82	3.23	3.60	3.60
信贷体系	13.96	13.96	13.67	14.40	13.94	14.24	15.08	15.08
利率波动	3.08	1.21	0.13	0.56	1.10	2.40	0.36	0.36
兑换汇回	4.00	4.00	4.00	4.00	4.00	4.00	4.00	4.00
汇率波动	0.03	-0.06	-0.03	-0.04	0.02	0.05	0.12	0.06
税费课目	9.00	9.00	9.00	9.00	9.00	9.00	9.00	9.00
总税率	81.56	82.87	82.95	83.74	84.09	84.09	84.26	84.26
法律体系	4.00	4.00	4.00	4.00	4.00	4.00	4.00	4.00
执法能力	0.19	0.19	0.19	0.19	0.19	0.19	0.20	0.19
社会信用	56.31	57.40	57.40	57.40	57.40	57.46	57.46	57.46
产权登记	73.59	79.29	80.49	80.44	80.55	80.55	80.54	80.54
合作伙伴	5.00	5.00	5.00	6.00	6.00	6.00	6.00	6.00
信息披露	8.00	8.00	8.00	9.00	9.00	9.00	9.00	9.00
外资持股	4.00	4.00	4.00	4.00	4.00	4.00	4.00	4.00
矿权获处	2.00	2.00	2.00	4.00	4.00	2.00	4.00	4.00
冶炼要求	4.00	4.00	4.00	4.00	4.00	4.00	6.00	6.00
社区诉求	4.00	4.00	4.00	4.00	4.00	4.00	4.00	4.00
劳工政策	2.00	2.00	2.00	2.00	4.00	4.00	4.00	4.00
罢工风险	3.00	3.00	3.00	3.00	3.00	3.00	2.00	2.00
基础设施	2.91	3.47	3.62	3.51	3.50	3.54	3.49	3.57
能源电力	79.64	79.64	79.73	79.97	80.23	80.33	80.45	80.45
医疗卫生	137.00	132.00	131.00	123.00	122.00	121.00	119.00	117.00
通信条件	31.40	34.77	36.01	38.20	39.20	40.20	40.90	45.46
环境执法	8.00	8.00	8.00	8.00	8.00	8.00	8.00	8.00

附表 13　　　　　巴西历年矿业投资风险指标数据

风险指标	2009 年	2010 年	2011 年	2012 年	2013 年	2014 年	2015 年	2016 年
资源开采	11.71	17.38	19.30	15.59	16.38	14.39	10.76	10.47
资源潜力	78.00	86.00	81.00	64.75	66.98	75.00	64.71	60.87
社会稳定	0.17	0.01	-0.13	0.05	-0.26	-0.07	-0.33	-0.38
社会治安	19.53	23.43	22.59	26.37	27.54	27.54	27.54	27.54
经济增长	-0.13	7.54	3.99	1.93	3.01	0.51	-3.55	-3.47
通货膨胀	4.89	5.04	6.64	5.40	6.20	6.33	9.03	8.74
信贷体系	18.65	16.89	16.33	16.43	16.11	16.67	17.16	17.16
利率波动	2.60	4.66	3.89	7.25	9.25	4.62	11.95	8.14
兑换汇回	8.00	8.00	8.00	8.00	8.00	8.00	4.00	4.00
汇率波动	0.09	-0.12	-0.05	0.17	0.10	0.09	0.41	0.05
税费课目	9.60	9.60	9.60	9.60	9.60	9.60	9.60	9.60
总税率	34.85	39.80	37.89	37.89	34.70	33.72	33.72	36.22
法律体系	2.00	2.00	4.00	4.00	4.00	4.00	2.00	2.00
执法能力	0.19	0.19	0.19	0.19	0.19	0.19	0.20	0.19
社会信用	52.16	52.16	52.16	52.16	53.20	51.62	51.62	51.62
产权登记	56.86	56.87	56.85	56.96	57.01	57.02	57.08	54.93
合作伙伴	8.00	8.00	8.00	8.00	8.00	8.00	8.00	8.00
信息披露	5.00	5.00	5.00	5.00	5.00	5.00	5.00	5.00
外资持股	4.00	4.00	4.00	4.00	4.00	4.00	4.00	4.00
矿权获处	4.00	2.00	2.00	4.00	4.00	4.00	4.00	4.00
冶炼要求	4.00	4.00	4.00	4.00	4.00	4.00	4.00	4.00
社区诉求	4.00	4.00	4.00	4.00	4.00	4.00	4.00	4.00
劳工政策	5.00	5.00	5.00	5.00	5.00	5.00	5.00	5.00
罢工风险	1.00	1.00	1.00	1.00	1.00	1.00	1.00	1.00
基础设施	3.50	4.02	3.99	4.00	4.02	3.98	3.92	3.98
能源电力	90.61	90.61	90.63	90.80	90.82	90.60	90.61	88.92
医疗卫生	45.00	44.00	44.00	42.00	45.00	43.00	42.00	42.00
通信条件	39.22	40.65	45.69	48.56	51.04	54.55	58.33	60.87
环境执法	4.00	4.00	4.00	4.00	4.00	4.00	4.00	4.00

附表 14　　　　智利历年矿业投资风险指标数据

风险指标	2009 年	2010 年	2011 年	2012 年	2013 年	2014 年	2015 年	2016 年
资源开采	59.49	64.58	62.20	60.68	57.94	55.55	53.17	51.32
资源潜力	83.00	85.00	81.00	75.00	80.30	80.36	77.36	63.64
社会稳定	0.60	0.68	0.45	0.33	0.36	0.45	0.43	0.41
社会治安	3.74	3.18	3.70	2.50	3.16	3.59	3.59	3.59
经济增长	-1.56	5.84	6.11	5.32	4.05	1.77	2.31	1.27
通货膨胀	0.07	1.41	3.34	3.01	1.79	4.40	4.35	3.79
信贷体系	14.34	14.14	13.93	13.31	13.32	13.39	13.78	13.78
利率波动	6.01	2.50	4.28	1.03	0.80	1.16	2.58	0.07
兑换汇回	4.00	4.00	4.00	4.00	4.00	4.00	4.00	4.00
汇率波动	0.07	-0.09	-0.05	0.01	0.02	0.15	0.15	0.03
税费课目	8.00	7.00	7.00	7.00	7.00	7.00	7.00	7.00
总税率	100.00	100.00	100.00	100.00	97.78	97.77	96.17	94.71
法律体系	4.00	2.00	4.00	4.00	4.00	4.00	4.00	4.00
执法能力	0.19	0.20	0.20	0.20	0.20	0.21	0.21	0.20
社会信用	63.85	63.85	63.85	63.85	63.85	63.85	63.85	63.85
产权登记	78.48	78.49	78.50	78.51	78.53	78.95	78.96	78.96
合作伙伴	6.00	6.00	6.00	6.00	6.00	6.00	6.00	6.00
信息披露	7.00	8.00	8.00	8.00	8.00	8.00	8.00	8.00
外资持股	2.00	2.00	2.00	2.00	2.00	2.00	2.00	2.00
矿权获处	4.00	2.00	2.00	4.00	2.00	2.00	4.00	4.00
冶炼要求	4.00	4.00	4.00	4.00	4.00	4.00	4.00	4.00
社区诉求	4.00	4.00	4.00	4.00	4.00	4.00	4.00	4.00
劳工政策	6.00	6.00	5.00	6.00	6.00	6.00	7.00	7.00
罢工风险	4.00	4.00	4.00	4.00	5.00	5.00	5.00	5.00
基础设施	4.93	4.69	4.67	4.62	4.54	4.82	4.60	4.66
能源电力	84.90	84.90	84.93	84.95	84.99	85.00	85.01	84.97
医疗卫生	16.00	16.00	16.00	16.00	16.00	16.00	17.00	16.00
通信条件	41.56	45.00	52.25	55.05	58.00	61.11	76.63	83.56
环境执法	8.00	8.00	8.00	8.00	8.00	8.00	8.00	4.00

附表 15　　　　　洪都拉斯历年矿业投资风险指标数据

风险指标	2009 年	2010 年	2011 年	2012 年	2013 年	2014 年	2015 年	2016 年
资源开采	4.14	6.37	4.44	3.48	4.05	4.05	1.68	1.31
资源潜力	48.00	59.00	53.00	29.40	32.40	40.91	36.36	42.86
社会稳定	-0.31	-0.50	-0.39	-0.35	-0.44	-0.53	-0.47	-0.43
社会治安	5.65	5.55	6.38	6.49	6.59	5.90	5.75	5.75
经济增长	-2.43	3.73	3.84	4.13	2.79	3.06	3.84	3.75
通货膨胀	5.49	4.70	6.76	5.20	5.16	6.13	3.16	2.72
信贷体系	14.67	15.30	15.25	14.97	14.84	14.95	14.14	14.14
利率波动	1.51	0.58	0.31	0.11	1.63	0.53	0.05	1.33
兑换汇回	8.00	8.00	8.00	8.00	6.00	8.00	8.00	8.00
汇率波动	0.00	0.00	0.00	0.03	0.04	0.03	0.05	0.04
税费课目	47.00	47.00	47.00	47.00	48.00	48.00	48.00	48.00
总税率	75.06	75.06	75.06	75.74	81.07	76.47	77.68	73.90
法律体系	6.00	6.00	6.00	6.00	6.00	6.00	6.00	4.00
执法能力	0.20	0.20	0.20	0.20	0.20	0.20	0.21	0.20
社会信用	40.53	40.53	40.53	37.90	37.90	37.90	37.90	37.90
产权登记	70.43	70.44	70.44	70.09	70.10	70.10	70.11	70.11
合作伙伴	5.00	5.00	5.00	5.00	5.00	8.00	8.00	8.00
信息披露	0.00	0.00	0.00	0.00	0.00	3.00	3.00	3.00
外资持股	6.00	6.00	6.00	6.00	6.00	6.00	8.00	4.00
矿权获处	6.00	6.00	6.00	6.00	6.00	6.00	8.00	4.00
冶炼要求	6.00	6.00	6.00	6.00	6.00	6.00	6.00	4.00
社区诉求	6.00	6.00	6.00	6.00	6.00	6.00	6.00	6.00
劳工政策	3.00	3.00	3.00	3.00	3.00	3.00	3.00	3.00
罢工风险	4.00	4.00	4.00	4.00	4.00	4.00	4.00	4.00
基础设施	3.39	3.18	2.81	3.12	3.53	3.54	3.39	3.29
能源电力	70.31	70.31	70.17	70.28	70.63	70.75	70.96	71.19
医疗卫生	45.00	44.00	48.00	44.00	43.00	40.00	41.00	40.00
通信条件	9.80	11.09	15.90	18.12	17.80	19.08	27.62	30.00
环境执法	4.00	4.00	4.00	4.00	4.00	4.00	4.00	4.00

附表 16　　危地马拉历年矿业投资风险指标数据

风险指标	2009 年	2010 年	2011 年	2012 年	2013 年	2014 年	2015 年	2016 年
资源开采	5.15	6.49	9.63	6.26	5.69	8.37	7.34	6.52
资源潜力	63.00	69.00	63.00	44.40	46.90	31.82	38.89	50.00
社会稳定	-0.93	-0.85	-0.74	-0.63	-0.67	-0.66	-0.66	-0.54
社会治安	45.07	40.46	37.75	33.54	33.48	31.21	31.21	31.21
经济增长	0.53	2.87	4.16	2.97	3.70	4.17	4.14	3.09
通货膨胀	1.86	3.86	6.22	3.78	4.34	3.42	2.39	4.45
信贷体系	15.94	15.72	15.34	14.66	14.78	14.56	14.94	14.94
利率波动	0.46	0.51	0.09	0.06	0.11	0.18	0.55	0.13
兑换汇回	4.00	4.00	4.00	4.00	4.00	4.00	6.00	4.00
汇率波动	0.08	-0.01	-0.03	0.01	0.00	-0.02	-0.01	-0.01
税费课目	24.00	24.00	21.00	21.00	7.00	8.00	8.00	8.00
总税率	78.91	78.91	78.91	78.91	78.91	78.91	80.46	83.88
法律体系	6.00	6.00	6.00	6.00	6.00	6.00	6.00	4.00
执法能力	0.20	0.20	0.20	0.20	0.20	0.20	0.21	0.20
社会信用	46.35	46.35	46.35	46.35	46.35	46.35	46.35	46.35
产权登记	76.18	76.91	77.52	77.59	71.14	71.23	71.3	71.34
合作伙伴	2.00	2.00	2.00	2.00	2.00	2.00	2.00	2.00
信息披露	3.00	3.00	3.00	3.00	3.00	3.00	3.00	3.00
外资持股	8.00	6.00	8.00	8.00	8.00	8.00	8.00	4.00
矿权获处	6.00	4.00	6.00	6.00	6.00	6.00	8.00	4.00
冶炼要求	6.00	6.00	6.00	6.00	6.00	6.00	6.00	4.00
社区诉求	6.00	6.00	6.00	6.00	6.00	6.00	6.00	6.00
劳工政策	3.00	3.00	3.00	3.00	3.00	3.00	3.00	3.00
罢工风险	4.00	4.00	4.00	4.00	4.00	4.00	4.00	4.00
基础设施	3.78	3.50	3.91	3.79	3.83	4.17	3.84	3.82
能源电力	82.48	82.48	82.42	82.55	82.67	82.86	83	83.07
医疗卫生	25.00	28.00	25.00	28.00	27.00	25.00	26.00	24.00
通信条件	9.30	10.50	12.30	16.00	19.70	23.40	28.81	34.51
环境执法	4.00	4.00	4.00	4.00	4.00	4.00	6.00	4.00

附表 17 赞比亚历年矿业投资风险指标数据

风险指标	2009 年	2010 年	2011 年	2012 年	2013 年	2014 年	2015 年	2016 年
资源开采	81.13	85.97	80.68	73.45	69.51	78.16	77.80	77.80
资源潜力	68.00	78.00	61.00	60.29	68.97	75.00	54.00	72.22
社会稳定	0.57	0.52	0.51	0.66	0.44	0.16	0.15	0.14
社会治安	6.01	5.85	5.85	5.85	5.85	5.85	5.85	5.85
经济增长	9.22	10.30	5.56	7.60	5.06	4.70	2.92	3.76
通货膨胀	13.40	8.50	6.43	6.58	6.98	7.81	10.11	17.87
信贷体系	22.05	22.05	19.18	21.37	26.78	26.33	26.16	26.16
利率波动	3.00	1.15	2.08	6.69	2.63	2.05	1.68	2.25
兑换汇回	4.00	4.00	4.00	4.00	4.00	4.00	4.00	4.00
汇率波动	0.35	−0.05	0.01	0.06	0.05	0.14	0.40	0.19
税费课目	38.00	38.00	38.00	38.00	38.00	37.00	26.00	26.00
总税率	100.00	100.00	100.00	100.00	100.00	100.00	100.00	100.00
法律体系	6.00	6.00	6.00	6.00	6.00	6.00	6.00	4.00
执法能力	0.18	0.19	0.19	0.19	0.17	0.18	0.17	0.18
社会信用	57.53	57.53	57.53	57.53	57.53	57.53	57.53	57.53
产权登记	64.93	64.95	67.28	63.34	63.65	62.84	51.75	45.82
合作伙伴	6.00	6.00	6.00	6.00	6.00	6.00	6.00	6.00
信息披露	4.00	4.00	4.00	4.00	4.00	4.00	4.00	4.00
外资持股	6.00	6.00	6.00	6.00	6.00	6.00	8.00	4.00
矿权获处	4.00	4.00	4.00	4.00	4.00	4.00	6.00	4.00
冶炼要求	4.00	4.00	4.00	4.00	4.00	4.00	4.00	4.00
社区诉求	4.00	4.00	4.00	4.00	4.00	4.00	6.00	4.00
劳工政策	2.00	2.00	2.00	2.00	2.00	2.00	2.00	2.00
罢工风险	2.00	2.00	2.00	2.00	2.00	2.00	3.00	3.00
基础设施	2.63	2.59	2.75	2.85	2.76	2.67	2.63	2.5
能源电力	64.05	64.05	63.84	63.56	64.42	65.05	65.54	66.34
医疗卫生	514.00	495.00	475.00	456.00	437.00	406.00	391.00	376.00
通信条件	6.31	10.00	11.50	13.47	15.40	19.00	21.00	25.51
环境执法	4.00	4.00	4.00	4.00	4.00	4.00	4.00	4.00

附表 18　　刚果（金）历年矿业投资风险指标数据

风险指标	2009 年	2010 年	2011 年	2012 年	2013 年	2014 年	2015 年	2016 年
资源开采	0.02	0.02	0.02	0.01	0.02	0.02	0.02	0.02
资源潜力	86.00	90.00	87.00	70.00	69.10	68.97	70.45	80.95
社会稳定	-2.00	-2.20	-2.21	-2.09	-2.19	-2.17	-2.15	-2.23
社会治安	13.97	13.97	13.97	13.36	13.36	13.36	13.36	13.36
经济增长	2.86	7.11	6.87	7.09	8.48	9.47	6.92	2.40
通货膨胀	2.80	7.10	15.32	9.72	0.81	1.24	0.74	2.89
信贷体系	13.08	13.08	9.92	12.78	11.86	16.11	19.54	19.09
利率波动	22.26	8.90	12.76	15.31	9.08	0.67	0.68	0.33
兑换汇回	8.00	8.00	8.00	8.00	8.00	8.00	8.00	4.00
汇率波动	0.45	0.12	0.01	0.00	(0.00)	0.01	0.00	0.09
税费课目	40.00	40.00	40.00	40.00	40.00	50.00	52.00	52.00
总税率	0.00	0.00	0.00	0.00	0.00	56.34	57.94	58.08
法律体系	4.00	4.00	4.00	4.00	4.00	4.00	4.00	4.00
执法能力	0.20	0.20	0.20	0.20	0.18	0.19	0.18	0.18
社会信用	44.11	44.11	44.11	44.11	44.11	44.11	44.11	44.11
产权登记	53.64	54.69	54.26	44.17	44.17	44.17	44.17	44.17
合作伙伴	1.00	1.00	1.00	1.00	1.00	1.00	1.00	1.00
信息披露	6.00	6.00	6.00	6.00	6.00	7.00	7.00	7.00
外资持股	4.00	6.00	4.00	4.00	4.00	4.00	4.00	4.00
矿权获处	6.00	6.00	4.00	6.00	6.00	6.00	4.00	4.00
冶炼要求	4.00	4.00	4.00	4.00	4.00	4.00	4.00	4.00
社区诉求	6.00	6.00	6.00	6.00	6.00	6.00	6.00	4.00
劳工政策	2.00	2.00	2.00	2.00	2.00	2.00	2.00	2.00
罢工风险	2.00	2.00	2.00	2.00	3.00	2.00	3.00	4.00
基础设施	1.72	1.72	1.72	1.72	1.72	1.72	1.72	1.72
能源电力	36.52	36.52	36.52	36.52	36.52	36.52	43.19	44.49
医疗卫生	327.00	327.00	327.00	327.00	326.00	325.00	324.00	323.00
通信条件	0.72	1.20	5.60	1.68	2.20	3.00	3.80	6.21
环境执法	4.00	4.00	4.00	4.00	4.00	4.00	4.00	4.00

附表 19　　　　　　　南非历年矿业投资风险指标数据

风险指标	2009 年	2010 年	2011 年	2012 年	2013 年	2014 年	2015 年	2016 年
资源开采	29.34	28.31	31.01	27.68	29.87	25.89	24.01	23.58
资源潜力	66.00	72.00	64.00	56.60	64.60	57.89	62.12	57.69
社会稳定	-0.11	-0.03	0.02	-0.03	-0.05	-0.15	-0.21	-0.14
社会治安	33.01	30.88	29.88	30.68	31.66	32.99	34.27	34.27
经济增长	-1.54	3.04	3.28	2.21	2.49	1.85	1.28	0.57
通货膨胀	7.13	4.26	5.00	5.65	5.75	6.07	4.59	6.33
信贷体系	14.12	14.88	15.05	15.88	15.58	14.76	15.93	15.93
利率波动	3.42	1.87	0.83	0.25	0.25	0.63	0.29	1.04
兑换汇回	4.00	4.00	4.00	4.00	4.00	4.00	6.00	4.00
汇率波动	0.03	-0.14	-0.01	0.13	0.18	0.12	0.18	0.15
税费课目	9.00	9.00	8.00	8.00	7.00	7.00	7.00	7.00
总税率	89.95	94.62	94.33	92.09	91.70	96.41	96.13	96.24
法律体系	8.00	6.00	6.00	6.00	6.00	6.00	6.00	4.00
执法能力	0.18	0.18	0.18	0.18	0.17	0.17	0.17	0.16
社会信用	65.10	65.10	66.14	66.14	66.14	66.14	66.14	66.14
产权登记	60.20	60.48	60.10	67.31	66.69	66.18	66.02	65.5
合作伙伴	8.00	8.00	8.00	8.00	8.00	8.00	8.00	8.00
信息披露	8.00	8.00	8.00	8.00	8.00	8.00	8.00	8.00
外资持股	6.00	6.00	6.00	6.00	6.00	6.00	6.00	6.00
矿权获处	6.00	6.00	6.00	6.00	4.00	6.00	6.00	6.00
冶炼要求	4.00	4.00	4.00	4.00	4.00	4.00	6.00	6.00
社区诉求	6.00	6.00	6.00	6.00	6.00	6.00	6.00	6.00
劳工政策	2.00	2.00	2.00	2.00	2.00	2.00	2.00	2.00
罢工风险	2.00	2.00	2.00	2.00	2.00	2.00	3.00	3.00
基础设施	4.33	3.98	4.02	4.13	4.13	4.29	4.22	4.18
能源电力	56.88	56.88	56.57	55.15	55.46	55.62	55.74	84.21
医疗卫生	967.00	948.00	922.00	892.00	860.00	834.00	807.00	781.00
通信条件	10.00	24.00	33.97	41.00	46.50	49.00	51.92	54.00
环境执法	6.00	6.00	6.00	6.00	6.00	6.00	6.00	6.00

附表 20　　　　坦桑尼亚历年矿业投资风险指标数据

风险指标	2009 年	2010 年	2011 年	2012 年	2013 年	2014 年	2015 年	2016 年
资源开采	24.58	33.74	35.44	24.55	15.54	17.36	12.86	11.35
资源潜力	70.00	79.00	67.00	67.10	55.60	60.00	54.35	56.67
社会稳定	0.09	0.01	-0.02	0.05	-0.16	-0.60	-0.42	-0.44
社会治安	8.52	8.52	8.80	8.41	7.36	7.53	7.53	7.53
经济增长	5.38	6.36	7.90	5.14	7.26	6.97	6.96	6.97
通货膨胀	12.14	6.20	12.69	16.00	7.87	6.13	5.59	5.17
信贷体系	18.18	18.18	17.23	17.19	18.06	17.03	19.15	19.15
利率波动	0.05	0.49	0.42	0.59	0.31	0.43	0.18	0.15
兑换汇回	4.00	4.00	4.00	4.00	4.00	4.00	4.00	4.00
汇率波动	0.10	0.06	0.12	0.01	0.02	0.03	0.20	0.09
税费课目	48.00	48.00	48.00	48.00	48.00	49.00	49.00	53.00
总税率	73.77	73.74	73.74	73.12	73.12	73.90	73.92	74.50
法律体系	6.00	4.00	4.00	4.00	4.00	4.00	4.00	4.00
执法能力	0.18	0.19	0.19	0.19	0.17	0.18	0.17	0.17
社会信用	66.17	66.17	66.17	66.17	66.17	66.17	66.17	66.17
产权登记	56.47	56.48	56.49	59.27	60.20	60.07	60.10	60.16
合作伙伴	6.00	6.00	6.00	6.00	6.00	6.00	6.00	6.00
信息披露	2.00	2.00	2.00	2.00	2.00	2.00	2.00	2.00
外资持股	6.00	6.00	6.00	6.00	6.00	6.00	6.00	6.00
矿权获处	4.00	4.00	4.00	4.00	4.00	6.00	6.00	4.00
冶炼要求	4.00	4.00	4.00	4.00	4.00	4.00	6.00	4.00
社区诉求	6.00	6.00	6.00	6.00	6.00	6.00	6.00	4.00
劳工政策	2.00	2.00	2.00	2.00	2.00	2.00	2.00	2.00
罢工风险	2.00	2.00	2.00	2.00	2.00	2.00	3.00	3.00
基础设施	2.45	2.37	2.41	2.27	2.30	2.26	2.41	2.67
能源电力	49.34	49.34	71.37	72.11	73.26	74.3	75.28	77.05
医疗卫生	452.00	426.00	401.00	378.00	336.00	327.00	306.00	287.00
通信条件	2.40	2.90	3.20	3.95	4.40	7.00	10.00	13.00
环境执法	6.00	6.00	6.00	6.00	6.00	6.00	6.00	4.00

附表 21　　　　　　澳大利亚历年矿业投资风险指标数据

风险指标	2009 年	2010 年	2011 年	2012 年	2013 年	2014 年	2015 年	2016 年
资源开采	27.43	33.87	36.77	34.27	38.20	36.76	31.43	31.72
资源潜力	70.40	67.86	63.14	60.10	66.40	65.43	71.78	69.89
社会稳定	0.86	0.89	0.94	1.00	1.03	1.03	0.88	1.05
社会治安	1.22	1.04	1.10	1.06	1.05	1.03	0.98	0.98
经济增长	1.92	2.05	2.45	3.89	2.64	2.56	2.35	2.83
通货膨胀	1.82	2.85	3.30	1.76	2.45	2.49	1.51	1.28
信贷体系	11.91	11.40	11.58	11.92	11.60	12.21	13.65	13.65
利率波动	2.89	1.26	0.46	0.76	0.80	0.23	0.38	0.15
兑换汇回	4.00	4.00	4.00	4.00	4.00	4.00	4.00	4.00
汇率波动	0.08	-0.15	-0.11	(0.00)	0.07	0.07	0.20	0.01
税费课目	11.00	11.00	11.00	11.00	11.00	11.00	11.00	11.00
总税率	65.33	68.73	69.03	69.36	69.52	69.40	69.30	69.03
法律体系	4.00	4.00	4.00	4.00	4.00	4.00	4.00	4.00
执法能力	0.22	0.23	0.22	0.22	0.22	0.23	0.23	0.22
社会信用	76.95	76.95	76.95	76.53	76.53	76.34	76.34	76.34
产权登记	77.44	77.35	77.23	77.15	77.10	77.11	76.87	76.77
合作伙伴	2.00	2.00	2.00	2.00	2.00	2.00	2.00	2.00
信息披露	8.00	8.00	8.00	8.00	8.00	8.00	8.00	8.00
外资持股	4.00	4.00	4.00	4.00	4.00	4.00	4.00	4.00
矿权获处	6.00	4.00	4.00	4.00	4.00	4.00	4.00	4.00
冶炼要求	4.00	4.00	4.00	4.00	4.00	4.00	4.00	4.00
社区诉求	4.00	4.00	4.00	4.00	4.00	4.00	4.00	4.00
劳工政策	8.00	8.00	8.00	8.00	8.00	8.00	8.00	8.00
罢工风险	5.00	5.00	5.00	5.00	5.00	5.00	5.00	5.00
基础设施	5.19	5.44	5.43	5.70	5.60	5.60	5.72	5.65
能源电力	80.56	80.56	80.57	80.57	80.58	80.58	80.58	80.58
医疗卫生	6.80	6.50	6.30	6.60	6.20	6.50	6.10	6.10
通信条件	74.25	76.00	79.49	79.00	83.45	84.00	84.56	88.24
环境执法	8.00	8.00	8.00	8.00	8.00	8.00	8.00	8.00

附表 22

I_1 到 I_2 降维过程权重分布矩阵 (34 × 30)

	1	2	3	4	5	6	7	8	9	10	11	12	13	14	15	16	17	18	19	20	21	22	23	24	25	26	27	28	29	30	31	32	33	34
1	0.4	0.4	-0.8	-0.9	-0.2	-0.1	-0.7	-1.1	-1.3	-1.1	-0.4	-1.3	0.9	1.0	0.9	0.2	0.2	-0.3	0.9	1.0	0.5	-1.2	-1.1	-0.6	0.2	0.5	0.5	-0.6	-1.0	1.3	-1.0	0.4	-0.3	-0.6
2	-1.1	-0.7	-0.7	1.2	-1.2	-0.5	-0.3	-0.5	0.8	0.8	-0.1	0.3	1.3	-0.2	-0.9	0.1	0.5	-0.9	0.7	-0.1	0.5	0.3	-1.1	-0.3	-1.3	-0.1	-0.5	0.5	-1.2	-0.9	-1.1	0.8	0.7	-0.5
3	-0.4	-0.4	-0.1	-1.2	1.1	0.8	0.1	1.3	-0.2	-1.1	-0.9	1.1	0.6	-1.3	-0.1	0.6	0.3	0.0	-0.4	1.1	0.7	0.7	1.6	-1.6	1.2	-0.1	0.4	-0.4	-0.4	-0.5	-0.9	-1.0	0.7	-1.3
4	-1.2	0.7	0.5	0.7	1.0	-0.6	-0.5	-1.3	0.7	-1.0	1.2	0.4	-0.7	-0.3	-0.2	1.3	0.6	-0.6	0.4	0.5	0.3	1.0	-0.7	0.2	-0.3	-1.1	1.1	0.3	0.3	-0.2	-0.3	0.2	0.8	0.4
5	-0.7	1.0	1.2	0.7	-0.1	0.5	0.6	1.2	0.4	0.0	-0.9	-0.2	0.2	-0.8	-0.2	-0.6	1.0	-1.0	0.1	0.3	-1.3	-0.8	-0.1	-0.9	-0.6	0.8	0.8	1.2	0.4	0.4	0.2	-0.5	-0.1	-0.9
6	0.8	1.3	-1.3	-0.6	0.8	-0.9	-1.0	0.4	1.2	-1.3	-1.3	-0.6	-1.2	-1.2	0.4	0.3	0.7	0.5	1.2	0.7	-0.3	-1.0	-1.2	-1.4	-0.9	-0.2	-0.9	-0.2	0.0	-1.0	1.4	-0.1	0.3	-0.7
7	0.8	-0.2	0.0	0.8	-0.1	0.0	-0.9	0.2	1.2	0.8	-0.5	-0.3	-0.2	0.0	-0.5	-0.9	-0.5	-0.7	0.7	0.7	1.0	0.3	-0.4	-0.6	-0.9	0.4	0.2	0.3	-0.3	0.3	1.0	0.2	1.2	0.5
8	-0.6	-0.8	-0.2	-1.3	-0.2	0.6	-0.9	-0.1	-0.2	1.0	-0.3	1.5	-0.3	-0.2	1.4	-0.9	-0.2	-0.3	-0.5	1.1	-0.8	0.0	0.8	1.7	-1.2	-1.0	-0.7	0.8	-0.2	-0.4	-0.9	0.0	0.1	-0.5
9	1.3	-1.0	-0.8	0.7	0.9	0.1	-0.6	-0.7	-0.4	0.6	0.1	-1.4	-1.1	-0.6	-0.5	-0.1	-1.5	-0.2	1.4	-1.7	0.9	0.5	1.1	0.3	-0.2	-0.9	0.4	0.0	-0.8	-0.2	-1.0	-0.3	-0.7	0.6
10	-0.9	-0.6	-0.4	-0.4	-0.4	-0.9	-0.3	0.0	-0.6	-1.0	-0.5	0.9	-0.8	0.8	0.8	0.1	-1.4	-0.3	1.2	0.7	-0.5	-0.6	-1.2	0.3	0.5	0.3	0.1	0.0	-1.1	-0.8	0.8	-0.6	1.0	-0.1
11	-0.1	0.6	0.2	-0.1	0.3	0.9	-0.4	1.1	-1.6	0.5	1.4	-0.1	-0.5	0.1	-1.0	-0.1	0.2	0.5	0.1	1.0	0.2	1.3	0.1	1.2	0.6	-0.1	0.7	0.3	-1.2	-1.1	1.1	-1.0	0.4	0.4
12	-0.6	-0.3	0.2	0.8	-0.5	0.3	0.8	0.1	0.3	-0.5	1.6	-0.6	-0.6	1.1	0.5	0.2	-0.1	-0.1	1.3	-0.1	0.9	-0.8	1.3	-1.4	-1.7	1.3	-0.1	1.3	-1.2	-1.2	0.2	1.3	0.0	-1.3
13	0.8	1.0	-0.6	-0.6	-0.7	0.3	0.1	-0.6	0.5	-0.5	-1.8	-0.3	-0.6	0.5	0.2	0.8	0.5	0.5	-0.2	0.0	-1.3	-1.1	-0.2	0.2	-0.9	1.0	-0.6	-0.9	-1.2	-1.2	1.2	0.3	1.3	0.6
14	1.0	1.0	0.2	-0.6	-0.7	0.3	-0.6	-0.6	0.1	1.1	0.9	0.1	0.2	1.0	1.0	-0.4	0.8	0.6	1.0	0.0	0.4	-0.9	-0.7	1.4	1.4	1.0	-1.0	-1.1	-0.5	0.7	-0.6	1.1	-0.7	0.8
15	-0.3	-1.7	-0.7	-1.1	-0.9	-0.3	1.1	-0.2	0.8	0.7	-1.0	0.4	0.6	-0.4	-0.6	0.2	0.2	-0.6	-0.6	0.5	-0.2	-0.9	-1.3	-0.5	0.1	0.6	1.0	0.8	-0.6	0.7	0.7	-0.8	0.4	0.6
16	-0.6	0.7	-0.9	-1.3	-0.9	-0.7	1.1	0.4	0.0	-0.4	-0.4	-1.0	0.8	-0.6	0.2	-0.3	0.1	-1.2	0.7	-0.8	-0.8	0.3	-1.0	-1.3	0.1	-1.1	0.7	0.6	-0.1	-0.4	-0.1	0.7	0.2	0.7
17	0.0	-0.9	-0.5	1.0	1.2	0.2	-0.3	0.5	0.5	0.1	0.1	0.3	0.3	-0.9	0.5	0.7	1.7	-0.5	1.1	0.1	-0.3	0.3	1.0	0.3	-0.9	-0.8	-0.2	0.4	-0.4	0.4	0.4	0.7	-0.4	-0.3
18	0.7	0.6	-0.6	-0.6	0.4	0.3	-0.6	-0.1	1.9	1.3	0.6	-0.5	-1.5	0.3	-0.5	1.0	-0.4	0.1	1.1	0.1	-0.8	-0.8	-0.6	-0.2	0.5	-1.1	-0.4	-0.3	-0.8	-0.6	-0.6	0.4	-0.8	0.1
19	0.3	0.6	0.4	0.2	0.3	0.9	-0.5	-0.1	0.9	-1.0	-0.2	-0.1	-0.8	0.5	-0.5	-0.6	-0.6	-0.8	0.5	-0.3	-1.0	1.4	1.2	-0.9	-0.7	0.7	-0.4	-0.7	0.9	-0.1	0.4	-0.1	-1.3	-0.2

续表

	1	2	3	4	5	6	7	8	9	10	11	12	13	14	15	16	17	18	19	20	21	22	23	24	25	26	27	28	29	30	31	32	33	34
20	0.5	0.0	0.9	-1.3	-1.0	0.7	-0.2	1.2	0.2	-1.3	1.3	0.0	-0.4	-1.3	0.6	0.3	-0.7	-0.7	-0.3	0.9	-0.4	0.6	-1.9	-0.9	-0.7	1.5	0.2	-0.9	0.3	1.0	-0.8	-0.9	-0.1	0.1
21	-0.5	-0.2	0.2	0.6	-0.7	0.4	0.3	-1.1	-0.7	-0.7	-0.3	-0.2	0.1	-0.6	-0.5	0.3	0.7	0.7	0.0	0.7	-0.9	1.0	1.4	0.9	0.3	0.4	-0.1	0.3	0.0	0.2	-0.9	0.7	-0.9	-0.8
22	0.6	1.2	-0.3	0.1	-0.3	-0.7	-0.3	1.0	-0.9	-0.4	0.4	-0.1	0.3	-1.3	0.4	0.3	-1.2	-0.4	0.4	0.4	-0.3	-0.8	1.3	-1.7	-1.8	-0.7	-0.5	-0.1	-0.1	0.0	0.7	-0.8	0.4	-0.8
23	0.3	-0.2	-0.6	-0.6	1.0	0.8	0.4	0.6	0.9	0.9	0.4	0.0	-0.3	0.6	-0.9	1.2	0.4	1.0	-0.9	-0.4	-1.0	0.8	0.3	-0.5	-1.0	0.5	0.7	0.0	-0.7	-0.7	1.1	0.4	-0.3	0.0
24	-1.1	-0.1	0.0	-0.5	-1.3	0.3	0.2	-1.6	-1.5	1.2	0.1	0.0	0.4	1.1	-0.4	-0.9	0.0	-0.1	-1.1	0.3	-0.3	0.9	1.6	-0.6	1.0	-0.8	-0.3	0.3	-0.7	-0.1	0.3	0.8	0.8	-0.5
25	-1.0	1.0	-0.9	0.0	-1.0	-0.4	-1.2	-0.1	-0.1	-1.2	0.7	-0.8	0.8	-0.4	-1.0	-0.7	0.7	0.7	-1.1	-0.1	-0.4	0.9	-0.5	-0.3	0.2	-0.8	-0.6	-1.0	1.2	-0.2	0.3	0.5	0.6	0.7
26	-0.8	-0.4	0.8	-1.0	-0.8	1.0	-1.2	-0.9	-1.5	-1.2	0.4	0.6	1.3	0.6	-1.0	-1.2	0.5	0.0	0.4	0.3	-0.4	0.4	0.1	-1.0	0.4	-0.8	-0.6	-0.1	0.5	-0.1	1.1	1.2	-1.0	-1.2
27	1.3	0.2	-0.1	-0.1	0.5	1.2	-0.4	-0.3	1.2	0.3	-0.7	0.7	0.0	0.6	1.2	1.2	0.2	0.4	-0.8	0.6	-0.1	0.8	-0.3	1.4	0.3	0.3	0.4	0.2	-0.1	0.0	0.4	0.3	-1.0	0.0
28	-0.5	0.4	1.2	-0.8	0.6	0.5	-0.6	-0.3	0.4	-0.4	-0.7	-0.4	-0.3	-1.1	0.1	0.1	0.4	0.7	0.0	0.6	-0.1	-0.5	0.6	-0.5	0.7	0.6	-1.0	0.6	-0.5	-0.5	0.3	-0.5	1.2	-1.2
29	0.3	0.9	-0.7	-1.3	0.4	0.2	-0.1	-0.6	0.7	0.2	1.2	0.8	-0.6	0.1	-0.4	-0.4	0.9	0.1	-0.9	0.4	0.5	-1.1	1.0	-1.7	0.6	0.6	-0.3	-0.8	-0.5	-0.1	0.7	-0.2	-0.5	-1.2
30	-0.3	0.4	-0.3	-0.5	0.1	0.2	0.4	0.7	0.7	0.3	-1.0	-1.2	-0.1	-0.2	0.4	0.5	-0.4	-0.9	-1.2	1.0	-0.3	-0.3	-1.5	-0.9	-0.4	0.2	-1.1	-0.8	0.6	-0.4	-1.0	0.6	0.9	0.8

注：表中权重实际为保留至小数点后第 5 位，因篇幅所限，小数点后数值未全部列出，下同。

附表 23 I_2 到 I_3 降维过程权重分布矩阵（30 × 25）

	1	2	3	4	5	6	7	8	9	10	11	12	13	14	15	16	17	18	19	20	21	22	23	24	25	26	27	28	29	30
1	0.39	0.72	0.67	0.70	0.58	-0.49	-1.05	-0.37	-0.68	-0.34	-0.36	-0.93	-0.73	0.65	-0.45	1.46	0.10	-0.83	-0.88	-0.61	1.29	0.18	1.44	0.69	-0.79	0.68	0.10	0.58	0.08	-0.85
2	-0.52	1.26	-1.24	0.00	1.12	0.29	-0.29	0.31	0.03	0.96	0.67	1.31	-0.23	-0.43	0.73	0.17	-0.83	-0.79	-0.26	0.17	0.48	0.20	-0.62	-0.99	0.31	0.22	-0.41	-0.71	1.12	-1.12
3	-0.65	-1.21	-1.31	-0.31	-1.22	0.97	-0.97	1.33	1.14	1.14	0.43	-0.41	0.98	0.92	1.14	0.88	1.30	-0.99	-0.29	1.00	0.69	0.44	0.30	0.91	-1.21	1.19	0.86	-1.18	1.22	-0.40

续表

	1	2	3	4	5	6	7	8	9	10	11	12	13	14	15	16	17	18	19	20	21	22	23	24	25	26	27	28	29	30
4	0.39	0.93	0.01	1.09	-0.33	-0.46	0.96	0.70	0.05	0.91	-1.09	-0.97	1.23	0.18	0.65	0.27	0.09	0.00	0.21	1.23	-0.91	-0.96	1.23	1.05	0.73	-1.33	-0.31	-0.02	1.16	0.97
5	0.26	0.65	1.12	-1.23	0.31	-0.40	-1.44	1.28	0.09	0.49	-0.54	-1.06	0.13	-0.22	0.04	-0.11	-0.05	-0.21	-0.81	0.47	0.08	-1.88	-1.05	1.01	0.12	0.16	-0.24	1.07	0.40	-0.26
6	-0.60	0.76	-0.76	0.74	-0.32	1.55	1.47	-0.69	1.75	0.09	-0.68	-0.35	1.43	-0.56	-1.08	0.87	1.05	-0.59	-0.49	-0.22	-1.28	0.46	-0.64	-0.35	0.53	-0.38	0.79	-0.95	0.96	0.02
7	0.21	-0.97	-1.12	0.46	-0.73	-1.36	-0.19	0.08	0.29	-0.19	0.54	-0.12	0.28	0.08	-0.20	-1.11	0.49	-0.20	-0.20	0.80	-1.22	-0.77	-0.45	-0.59	0.91	0.87	1.19	-0.39	-1.17	-0.73
8	0.79	-0.59	-0.28	0.70	0.55	1.23	-1.35	0.14	0.45	1.19	-0.56	0.15	-0.03	1.29	0.18	1.03	-0.22	-1.16	-1.03	-0.16	-0.49	1.24	1.07	0.74	0.77	-0.88	-0.49	0.77	-1.07	1.13
9	0.31	0.17	-0.35	-0.77	0.18	-1.29	-0.85	-0.30	-0.49	1.44	1.13	-0.29	-0.34	0.82	-0.46	-1.42	0.93	-0.03	-1.52	0.74	0.73	0.64	-0.25	-0.52	0.07	-0.43	0.32	-1.05	-0.21	-0.68
10	0.19	0.64	0.10	0.75	0.31	0.54	0.64	0.64	-1.15	1.02	0.87	-0.23	-0.07	0.53	-1.10	0.12	0.10	0.60	1.35	-1.14	0.35	-0.17	-0.52	1.24	-0.36	-0.16	1.32	1.27	0.27	1.01
11	0.34	-1.37	1.70	0.79	0.60	0.24	0.80	-0.32	-0.08	-0.37	-0.62	-0.38	0.46	0.59	-0.79	-1.05	-0.08	-1.10	0.03	0.10	-0.06	-0.95	-0.90	0.31	-0.17	1.20	-0.76	1.02	-0.29	0.77
12	0.31	0.13	-0.16	-1.49	-1.27	1.09	-0.21	0.21	0.45	-0.74	0.27	1.24	-2.14	-1.84	1.04	0.83	0.22	0.44	0.94	0.51	-0.52	0.80	-1.00	-0.23	0.65	0.33	-0.40	-0.12	1.64	-0.90
13	-1.20	0.37	-1.09	0.07	-0.53	-0.40	0.47	-0.56	-0.05	-0.68	0.46	1.06	0.95	0.02	-1.32	-1.38	-0.42	-1.21	0.60	-0.94	-0.62	0.81	-0.40	-0.93	-1.06	-0.85	-0.32	-0.87	0.07	0.92
14	0.59	-0.19	0.10	1.25	0.13	0.50	1.24	-1.00	-0.10	0.69	0.90	0.63	0.00	0.00	1.27	0.88	-0.77	-0.32	-1.01	-0.37	-0.04	1.39	-0.77	-1.11	-0.87	-0.47	-0.17	-0.02	-0.18	0.94
15	1.25	0.45	-1.32	0.29	-0.56	0.59	-1.33	0.03	1.38	0.94	0.45	0.02	0.90	-0.61	-1.36	0.75	0.42	-1.08	0.54	-0.85	0.74	-1.20	0.00	-0.61	-0.85	-1.10	-0.38	-0.05	-0.01	-0.20
16	-0.77	-0.92	-0.15	-0.58	0.24	-1.35	-0.49	-0.73	0.97	1.02	0.09	0.65	-0.28	0.02	0.36	0.90	0.81	-1.03	0.39	-0.20	0.42	-0.22	-1.23	0.79	-0.12	0.24	0.51	1.26	0.34	0.90
17	1.28	-0.86	-0.09	0.32	1.05	-1.11	-1.22	0.89	0.88	0.24	-0.39	-0.86	0.14	0.59	0.04	1.32	-0.17	-1.24	0.45	-0.20	0.30	0.22	0.40	1.16	1.25	0.24	1.32	0.97	-1.17	1.02
18	-0.67	0.56	1.28	-0.45	-0.56	0.90	-1.14	0.65	-0.63	0.08	-0.17	-1.22	0.89	-0.04	-1.12	-0.29	-0.98	-0.81	0.09	-0.05	0.61	0.26	-1.33	0.36	0.15	-1.21	-0.79	0.97	0.58	-0.29
19	0.53	0.48	0.37	1.12	0.57	-0.50	0.26	0.93	0.05	-1.02	1.18	-0.95	1.48	1.91	-0.16	-1.09	-0.04	-0.74	-0.81	-1.34	0.69	0.06	0.77	0.89	-1.05	-1.39	1.32	0.14	-1.21	-0.84
20	0.10	1.21	0.53	0.08	-1.14	-0.42	0.92	-1.44	2.24	0.65	1.15	-0.37	1.16	0.66	-0.53	-1.09	-0.16	-1.17	0.12	0.20	-1.07	0.58	0.51	-0.43	-0.80	-0.40	-0.67	0.55	-0.57	0.77
21	0.06	-0.61	0.53	0.09	0.25	0.35	1.55	-2.20	2.53	-0.80	0.64	0.33	-0.20	-0.51	0.50	0.10	1.12	-1.61	-1.22	-1.13	-0.51	1.51	-0.95	0.17	0.87	1.52	1.14	1.33	-0.86	1.34
22	-0.90	-1.08	-0.90	0.65	-0.90	-1.21	0.45	-0.10	0.93	-0.94	-1.41	-0.55	-0.20	0.23	0.47	0.09	-0.02	-1.11	-0.16	-1.14	-0.62	0.26	-0.06	0.99	1.01	0.46	-1.11	-0.01	-0.56	1.00

续表

	1	2	3	4	5	6	7	8	9	10	11	12	13	14	15	16	17	18	19	20	21	22	23	24	25	26	27	28	29	30
23	-0.91	-0.98	0.36	1.09	0.35	-0.93	-1.39	-0.09	-1.56	1.46	0.12	-1.47	-0.39	-0.04	-1.30	0.70	0.11	0.94	1.14	-0.31	-0.77	-0.34	0.71	-0.34	0.03	-1.79	0.01	-0.86	0.59	-0.27
24	-0.57	-0.20	0.86	0.08	-0.31	-1.50	0.61	1.81	-0.03	0.86	0.62	0.20	1.15	1.79	-1.29	-1.61	-0.30	1.01	0.68	-0.91	-0.20	-1.31	-0.63	1.83	-1.00	-1.33	1.04	-0.50	-1.04	0.20
25	0.73	-1.15	1.70	0.79	0.76	-0.59	0.47	1.28	-2.07	1.72	-0.67	-1.74	0.27	0.82	-1.39	0.24	-0.31	1.41	-0.29	1.32	-0.60	-1.61	-0.24	-1.05	-0.98	0.98	-0.39	0.80	-0.55	1.14

附表 24 I_3 到 I_4 降维过程权重分布矩阵（25×15）

	1	2	3	4	5	6	7	8	9	10	11	12	13	14	15	16	17	18	19	20	21	22	23	24	25
1	-1.49	-0.94	0.32	-0.95	-1.03	-1.31	-1.12	0.49	0.07	-0.99	0.24	-0.72	-0.83	-0.69	-0.34	0.12	0.25	1.33	-0.17	-0.07	1.03	0.31	1.56	0.63	-1.35
2	0.81	-1.35	0.13	-0.17	1.44	-1.33	-0.01	0.69	1.74	-1.10	0.96	-1.04	1.29	-1.09	0.38	0.77	-1.04	0.50	0.44	-2.28	-1.91	-1.13	1.13	0.54	2.25
3	-0.26	0.43	-0.70	0.98	-0.22	-0.19	-0.89	0.95	0.98	-0.70	0.52	1.79	0.55	-0.73	1.04	-0.74	-0.33	1.12	1.26	0.25	0.79	-2.15	-0.49	0.41	-0.31
4	0.99	0.61	0.90	-1.16	-0.27	1.02	-0.51	-0.71	1.51	-1.27	-1.11	-1.73	1.42	0.16	-1.27	0.29	1.02	-0.43	1.69	-0.12	0.13	0.15	-0.38	0.96	0.91
5	-0.44	0.09	1.67	0.21	-2.06	2.32	0.31	-0.39	-1.11	0.95	0.51	0.63	-0.12	1.27	0.96	0.30	-0.71	0.08	0.28	-0.27	2.33	0.74	-1.38	-1.61	-2.08
6	-0.55	0.03	1.43	1.38	0.59	1.68	-0.12	-0.10	-0.08	0.69	-1.65	-0.96	1.36	-0.35	0.98	0.92	-0.70	1.47	-1.60	1.27	-1.69	-1.16	0.97	0.88	0.23
7	-1.44	0.85	-0.94	-1.03	0.43	1.11	-0.54	-0.08	-1.48	0.56	-0.27	2.55	-1.53	0.08	-0.37	-0.94	0.39	0.43	-2.31	-0.22	1.92	-0.58	-0.14	-2.58	0.17
8	-1.40	1.31	-1.15	0.23	0.74	-0.06	0.30	0.72	0.77	-0.81	0.48	-1.16	0.33	0.96	-0.17	-0.30	-0.80	1.32	0.36	-1.12	0.80	-0.44	-0.98	-0.74	1.01
9	-1.45	-1.69	-1.63	1.67	1.04	0.45	-1.07	0.61	0.42	1.07	1.68	-0.10	0.81	0.50	-0.18	-0.40	1.00	1.21	-0.79	-2.02	-3.37	-0.09	0.87	-1.39	1.83
10	0.68	1.50	0.39	-0.61	-1.18	-1.43	-0.91	0.23	1.32	0.23	-1.18	2.60	-0.82	1.33	0.73	-1.30	1.58	0.11	1.57	-0.84	-0.08	0.03	-0.97	1.25	-2.26
11	-0.96	0.17	-1.38	-1.21	1.25	1.08	-1.28	-0.92	1.32	1.24	0.70	-0.46	1.33	-0.97	0.68	1.07	-1.24	0.44	0.54	-0.92	-0.69	0.54	0.80	-1.49	-1.42
12	0.43	-1.32	-0.74	-0.40	-0.59	-0.36	-0.81	0.08	0.85	0.54	2.03	-3.02	0.84	0.91	0.98	1.20	-1.51	0.90	0.96	1.37	1.09	2.08	-1.62	0.74	0.41

续表

	1	2	3	4	5	6	7	8	9	10	11	12	13	14	15	16	17	18	19	20	21	22	23	24	25
13	1.07	0.83	0.82	1.46	0.67	-1.94	0.95	-1.28	-0.17	-0.67	-1.17	-1.09	0.97	0.11	-0.74	-1.16	0.34	-0.76	-0.25	-2.63	-2.69	-1.64	2.55	0.64	1.94
14	1.62	-0.08	0.546	0.66	0.91	1.32	-0.88	0.28	-1.31	0.53	-1.04	0.20	0.24	-0.49	-0.09	1.28	0.00	-0.17	-0.66	-0.27	0.75	-0.77	-1.49	0.41	0.46
15	0.52	-0.93	-0.10	1.29	0.92	-1.59	1.08	-0.35	0.91	-0.39	-1.02	-1.60	0.97	-0.61	1.39	-0.99	1.43	1.09	2.87	-0.61	0.14	0.07	1.26	3.02	0.04

附表 25　I_4 到 I_5 降维过程权重分布矩阵（15×5）

	1	2	3	4	5	6	7	8	9	10	11	12	13	14	15
1	0.9052	3.2687	1.5283	0.7003	-2.9043	-2.1807	-1.7313	1.6021	-1.6680	-1.0636	-0.7596	2.2730	-2.8162	-1.7042	-1.7478
2	1.7418	2.8870	0.1992	0.6413	-1.8162	0.4231	-0.2413	-0.1921	2.5343	-1.9180	1.5815	-3.7106	4.4528	-3.2882	1.0699
3	1.4636	-3.4414	-0.0067	0.6582	3.4208	-1.8980	-4.5029	0.5383	-5.3073	-1.4804	-0.0098	0.9596	-2.8755	-2.2279	3.4837
4	-0.9513	-1.5035	1.1525	-1.4175	1.8414	-1.8365	3.0452	1.7109	-0.8190	3.0176	0.6193	-4.7214	0.0385	0.5832	-3.5617
5	-1.5273	-1.0958	-2.1670	-0.3290	1.0433	-1.4310	0.9945	0.1865	3.0426	-3.4730	0.3157	2.9431	1.6501	0.1912	-2.3493

附表 26　样本矿业国国家风险相似度矩阵

	C_1	C_2	C_3	C_4	C_5	C_6	C_7	C_8	C_9	C_{10}	C_{11}	C_{12}	C_{13}	C_{14}	C_{15}	C_{16}	C_{17}	C_{18}	C_{19}	C_{20}	C_{21}
C_1	—	-0.02	0.15	-0.05	0.23	0.20	0.13	0.15	0.06	0.07	0.04	-0.01	0.06	0.21	-0.02	0.04	-0.06	0.00	0.12	-0.02	-0.01
C_2	-0.02	—	0.10	0.33	-0.03	0.09	0.07	0.06	0.04	0.17	0.11	0.36	0.49	0.05	0.22	0.12	0.14	0.00	0.02	0.01	0.02

续表

	C_1	C_2	C_3	C_4	C_5	C_6	C_7	C_8	C_9	C_{10}	C_{11}	C_{12}	C_{13}	C_{14}	C_{15}	C_{16}	C_{17}	C_{18}	C_{19}	C_{20}	C_{21}
C_3	0.15	0.10	—	0.04	0.18	0.18	0.12	0.01	0.08	0.18	0.16	0.08	0.34	0.11	0.06	0.17	0.10	0.10	0.21	0.06	0.04
C_4	-0.05	0.33	0.04	—	-0.07	0.06	0.09	-0.06	0.02	0.09	0.13	0.17	0.29	-0.05	0.23	0.12	0.04	0.01	-0.01	0.03	0.03
C_5	0.23	-0.03	0.18	-0.07	—	0.06	0.13	0.16	0.13	0.07	0.14	0.06	0.11	0.26	0.03	0.08	-0.03	0.02	0.17	0.13	0.09
C_6	0.20	0.09	0.18	0.06	0.06	—	0.35	0.02	0.03	0.12	0.05	0.07	0.19	0.04	0.19	0.08	0.12	0.15	0.39	-0.05	-0.05
C_7	0.13	0.07	0.12	0.09	0.13	0.35	—	0.12	0.03	0.10	0.15	0.15	0.21	0.11	0.24	0.15	0.06	0.15	0.27	0.01	0.00
C_8	0.15	0.06	0.01	-0.06	0.16	0.02	0.12	—	0.06	0.00	0.00	0.03	0.04	0.23	0.12	0.07	0.03	-0.03	0.06	-0.03	-0.02
C_9	0.06	0.04	0.08	0.02	0.13	0.03	0.03	0.06	—	0.41	0.30	0.13	0.18	0.27	0.09	0.34	-0.13	-0.08	-0.04	0.59	0.47
C_{10}	0.07	0.17	0.18	0.09	0.07	0.12	0.10	0.00	0.41	—	0.51	0.15	0.23	0.17	0.11	0.43	-0.07	-0.02	0.02	0.32	0.24
C_{11}	0.04	0.11	0.16	0.13	0.14	0.05	0.15	0.03	0.30	0.51	—	0.27	0.29	0.18	0.05	0.67	-0.10	-0.03	0.01	0.28	0.23
C_{12}	-0.01	0.36	0.08	0.17	0.06	0.07	0.15	0.04	0.13	0.15	0.27	—	0.45	0.04	0.21	0.17	0.02	0.02	0.02	0.09	0.07
C_{13}	0.06	0.49	0.34	0.29	0.11	0.19	0.21	0.04	0.18	0.23	0.29	0.45	—	0.13	0.35	0.35	0.09	0.05	0.07	0.12	0.10
C_{14}	0.21	0.05	0.11	-0.05	0.26	0.04	0.11	0.23	0.27	0.17	0.18	0.04	0.13	—	0.04	0.28	0.01	0.01	0.08	0.22	0.22
C_{15}	-0.02	0.22	0.06	0.23	0.03	0.19	0.24	0.12	0.09	0.11	0.05	0.21	0.35	0.04	—	0.10	0.15	0.08	0.09	0.05	0.04
C_{16}	0.04	0.12	0.17	0.12	0.08	0.08	0.15	0.07	0.34	0.43	0.67	0.17	0.35	0.28	0.10	—	-0.04	-0.05	-0.01	0.20	0.15
C_{17}	-0.06	0.14	0.10	0.04	-0.03	0.12	0.06	0.03	-0.13	-0.07	-0.10	0.02	0.09	0.01	0.15	-0.04	—	0.18	0.27	-0.08	-0.08
C_{18}	0.00	0.00	0.10	0.01	0.02	0.15	0.15	-0.03	-0.08	-0.02	-0.03	0.02	0.05	0.01	0.08	-0.05	0.18	—	0.24	-0.04	-0.04

续表

	C_1	C_2	C_3	C_4	C_5	C_6	C_7	C_8	C_9	C_{10}	C_{11}	C_{12}	C_{13}	C_{14}	C_{15}	C_{16}	C_{17}	C_{18}	C_{19}	C_{20}	C_{21}
C_{19}	0.12	0.02	0.21	-0.01	0.17	0.39	0.27	0.06	-0.04	0.02	0.01	0.02	0.07	0.08	0.09	-0.01	0.27	0.24	—	-0.03	-0.03
C_{20}	-0.02	0.01	0.06	0.03	0.13	-0.05	0.01	-0.03	0.59	0.32	0.28	0.09	0.12	0.22	0.05	0.20	-0.08	-0.04	-0.03	—	1.44
C_{21}	-0.01	0.02	0.04	0.03	0.09	-0.05	0.00	-0.02	0.47	0.24	0.23	0.07	0.10	0.22	0.04	0.15	-0.08	-0.04	-0.03	1.44	—

参 考 文 献

[1] 白斌飞. 基于神经网络理论的线性时间序列预测研究［博士学位论文］. 四川：西南交通大学，2005.

[2] 宾夕法尼亚大学. 全球智库报告2017. 美国宾夕法尼亚大学智库研究项目.

[3] 曹兴. 基于深度学习网络的企业财务风险预警研究——以ST博元为例［硕士学位论文］. 北京：中国地质大学（北京），2016.

[4] 陈喜峰，施俊法，陈秀法，等. "一带一路"沿线重要固体矿产资源分布特与潜力分析. 中国矿业，2017，26（11）：32–41.

[5] 陈玉蓉，安海忠，高湘昀. 南美地区石油投资环境评价与优选. 资源与产业，2013，15（6）：109–113.

[6] 程国萍，续文昊，关贤军. AHP在工程项目施工风险评估中的应用. 价值工程，2015，34（14）：7–11.

[7] 丁德臣. 混合HOGA–SVM财务风险预警模型实证研究. 管理工程学报，2011，2：36–44.

[8] 杜雪明，张寿庭，陈其慎. 从矿产资源方面浅谈中国与"一带一路"国家的战略合作. 中国矿业，2015，24（S1）：174–177，181.

[9] 付海波，孔锐. 基于熵权法的矿产资源竞争力比较评价. 资源与产业，2010，12（3）：66–70.

[10] 付娅娜，谷春燕. 基于熵权—双基法的行业综合财务能力评价. 财会月刊，2014，12：49–52.

[11] 高兵，贾其海，崔彬．国际矿业投资项目的非技术风险及其防范．金属矿山，2009（1）：53-54．

[12] 韩九曦，李玉嵩，元春华，等．芬兰矿产资源与开发现状．中国矿业，2013，22（2）：24-28．

[13] 何金祥．俄罗斯矿产工业与矿业投资环境．国土资源情报，2015（9）：45-50．

[14] 何子鑫，张丹丹，王斌，等．吉尔吉斯斯坦矿业开发现状与投资环境分析．资源与产业，2018，20（1）：47-54．

[15] 胡国华，夏军．风险分析的灰色—随机风险率方法研究．水利学报，2001（4）：1-6．

[16] 胡杰，鹿爱莉．俄罗斯矿产资源开发利用及矿业投资环境．资源与产业，2006（6）：77-81．

[17] 黄崇福，白海玲．模糊直方图的概念及其在自然灾害风险分析中的应用．工程数学学报，2000（2）：71-76．

[18] 黄先芳，娄纯联．矿业投资项目的风险因素分析和风险控制对策．金属矿山，2005（6）：1-4．

[19] 纪娟，神经网络模型在财务风险预警中的应用．技术应用，2011（1）：48-50．

[20] 贾宇．工程项目的风险识别及其应对措施．企业技术开发，2010，29（9）：78-79．

[21] 李嘉豪．VaR方法在矿业投资价格风险评价中的应用．第四届全国选矿专业学术年会论文集．江西工业工程职业技术学院，2008：180-184．

[22] 李树藩．各国国家地理．长春出版社，2007．

[23] 李晓峰，刘光中．人工神经网络BP算法的改进及其应用．四川大学学报（工程科学版），2000（2）：105-109．

[24] 李振超．俄罗斯矿产资源勘查开发投资环境分析．中国矿业，2013，22（4）：34-37．

［25］梁斌．我国矿业海外投资项目风险评析．当代经济，2010
（23）：66－68．

［26］刘宝龙．基于图像分析和深度学习的船名标识字符检测与
识别研究：［博士学位论文］．浙江：浙江大学，2018．

［27］刘建伟，刘媛，罗雄麟．深度学习研究进展．计算机应用
研究，2014，31（7）：1921－1930，1942．

［28］刘莎，王高尚，陈晨．基于层次分析法的全球矿业投资环
境分析．资源与产业，2010，12（2）：116－122．

［29］刘伟．全球矿业投资环境．中国金属通报，2008（47）：
30－31．

［30］刘伟，宋国明，李延河．土耳其矿产资源管理与投资前景
分析．中国矿业，2014，23（10）：61－64．

［31］刘彦文，戴红军．基于粗糙集—神经网络的财务危机预警
模型实证研究．科研管理，2007，28（6）：138－142．

［32］龙涛，于汶加，王超，等．中亚地区固体矿产资源开发现
状及合作前景分析．中国矿业，2017，26（11）：65－69．

［33］吕函枰，马恩涛．我国地方政府债务风险预警系统研究．
东北财经大学学报，2017（6）：59－65．

［34］马朝阳，李国清，李京娥，等．基于蒙特卡洛模拟的境外
矿业投资风险分析．工业技术经济，2019，38（3）：110－115．

［35］马东霞，杨殿，郭立．矿业项目投资风险分析的实用方法
及其应用．金属矿山，2005（8）：5－6，75．

［36］孟繁富．境外资源勘查开发风险防范之微观对策研究．中
国国土资源经济，2009，22（10）：36－38，47．

［37］苗长润，安雅琴，陈敬武．投资项目风险评价．河北工业
大学学报，2001（2）：41－45．

［38］前瞻研究院．2015－2020年俄罗斯投资环境与重点区域投
资机会分析报告．深圳：深圳市前瞻商业资讯有限公司，2015．

［39］邱慧茹．基于层次分析法的消费者信贷平台风险分析．中国集体经济，2019（3）：106－107.

［40］商务部，国家统计局，国家外汇管理局．2018年度中国对外直接投资统计公报．

［41］申浩，池祥成，郭龙．俄罗斯远东地区矿业投资环境浅析．资源与产业，2017，19（6）：17－21.

［42］施俊法，周平，唐金荣，等．当前全球矿业形势分析与展望．地质通报，2012，31（1）：181－189.

［43］宋国明．全球矿业投资环境的最新评价—从弗雷泽一年一度的世界主要矿业公司投资意向评价调查结果看全球矿业投资环境的最新态势．国土资源情报，2014（6）：31－37.

［44］苏志欣．主成分分析法在投资项目风险评价中的应用．工业技术经济，2005，24（8）：142－145.

［45］苏治，卢曼，李德轩．深度学习的金融实证应用．动态、贡献与展望．金融研究，2017（5）：111－126.

［46］孙杰．加拿大弗雷泽研究所现状、运行机制与发展态势．智库理论与实践，2018，6（3）：58－69.

［47］孙明洁．投资环境的综合评价分析方法——基于东盟五国的实证研究．现代商业，2009（2）：140－143.

［48］唐金荣，张涛，周平，等．"一带一路"矿产资源分布与投资环境．地质通报，2015，34（10）：1918－1928.

［49］唐尧．土耳其矿业投资安全性分析．国土资源情报，2016（5）：18－23.

［50］唐玉浩，崔彬．菲律宾矿业及相关产业投资前景分析．中国矿业，2018，27（8）：56－61.

［51］王江，刘岩．跨国并购风险分析——基于布鲁诺结构分析法．中国市场，2011（26）：23－25.

［52］王山海，景新幸，杨海燕．基于深度学习神经网络的孤立

词语音识别的研究. 计算机应用研究, 2015, 32 (8): 2289 – 2291, 2298.

[53] 王威. 南美主要国家矿产投资环境评述. 国土资源情报, 2014, 12: 9 – 14.

[54] 王宪保, 李洁, 姚明海. 基于深度学习的太阳能电池片表面缺陷检测方法. 模式识别与人工智能, 2014 (6): 517 – 523.

[55] 王翔宇, 连民杰, 朱德生. 矿产资源潜在价值计算方法探析. 中国矿业, 2010, 19 (1): 21 – 24.

[56] 王志宏, 刘志斌, 彭世济. 矿业投资风险评价方法. 煤炭学报, 1998 (2): 107 – 111.

[57] 吴财贵, 唐权华. 基于深度学习的图片敏感文字检测. 计算机工程与应用, 2015 (14): 203 – 206.

[58] 杨海军, 太雷. 基于模糊支持向量机的上市公司财务困境预测. 管理科学学报, 2009, 12 (3): 102 – 110.

[59] 尤立杰, 李莉, 张晔. 中国企业海外能源合作问题研究——以哈萨克斯坦为例. 资源与产业, 2014, 16 (4): 29 – 34.

[60] 余凯, 贾磊, 陈雨强, 等. 深度学习的昨天、今天和明天. 计算机研究与发展, 2013, 50 (9): 1799 – 1804.

[61] 俞礽安, 赵更新, 司马献章, 等. 津巴布韦共和国主要矿产资源及其矿业投资环境. 资源与产业, 2013, 15 (5): 81 – 87.

[62] 袁超飞, 王小烈, 邢佳韵, 等. 印度尼西亚固体矿产开发现状与前景分析. 中国矿业, 2017, 26 (11): 115 – 117.

[63] 曾志平, 萧海东, 张新鹏. 基于 DBN 的金融时序数据建模与决策. 计算机技术与发展, 2017 (4): 1 – 8.

[64] 张承钊. 一种金融市场预测的深度学习模型: FEPA 模型: [博士学位论文]. 四川: 电子科技大学, 2016.

[65] 郑明贵, 陈家愿. 基于灰色关联法与 TOPSIS 的海外矿业投资金融风险评价. 资源与产业, 2015, 17 (1): 67 – 73.

［66］ 郑明贵，胡志亮. 海外矿业投资环境风险评价研究. 黄金科学技术，2018，26（5）：596 – 604.

［67］ 中华人民共和国（原）国土资源部. 世界矿业投资环境分析报告. 国土资源部信息中心，2015.

［68］ 中华人民共和国商务部. 对外投资合作国别（地区）指南. 北京：2009 – 2017.

［69］ 中华人民共和国商务部. 国别贸易投资环境报告2014. 贸易救济调局，2014.

［70］ 中华人民共和国商务部综合司. 中国对外贸易形势报告（2014 年秋季）. 国际贸易经济合作研究院，2014.

［71］ 周凯锋，秦德先，蒋素梅. 云南周边四国矿业投资环境的可拓综合评价. 中国矿业，2008，17（12）：30 – 35.

［72］ 朱乔木，陈金富，李弘毅，等. 基于堆叠自动编码器的电力系统暂态稳定评估. 中国电机工程学报，2009，29（0）：1 – 11.

［73］ 朱乔木，党杰，陈金富，等. 基于深度置信网络的电力系统暂态稳定评估方法. 中国电机工程学报，2018，38（03）：735 – 743.

［74］ Agrawal J G, Chourasia V S, Mittra A K. State-of-the-art in stock prediction techniques. International Journal of Advanced Research in Electrical, Electronics and Instrumentation Engineering, 2013, 2（4）: 1360 – 1366.

［75］ Allen L, Chakraborty S, Watanabe W. Foreign direct investment and regulatory remedies for banking crises: lessons from Japan. Journal of International Business Studies, 2011, 42（7）: 875 – 893.

［76］ Amoatey C T, Famiyeh S, Andoh P. Risk assessment of mining projects in Ghana. Journal of Quality in Maintenance Engineering, 2017, 23（1）: 22 – 38.

［77］ Arel I, Rose D C, Karnowski T P. Deep machine learning-a new frontier in artificial intelligence. Research [Research Frontier] . IEEE Computational Intelligence Magazine, 2010, 5 (4): 13 – 18.

[78] Asness C S, Moskowitz T J, Pedersen L H. Value and momentum everywhere. The Journal of Finance, 2013, 68 (3): 929 – 985.

[79] Atsalakis G S, Valavanis K P. Surveying stock market forecasting techniques – Part II: soft computing methods. Expert Systems with Applications, 2009, 36 (3): 5932 – 5941.

[80] Ba J, Frey B. Adaptive dropout for training deep neural networks. Advances in Neural Information Processing Systems, 2013, Working Paper: 3084 – 3092.

[81] Behre Dolbear. Ranking of countries for mining investment-where "not to invest" . Behre Dolbear Group Inc, 2009 – 2012.

[82] Bengio Y, Courville A, Vincent P. Representation learning: a review and new perspectives. IEEE Transactions on Pattern Analysis and Machine Intelligence, 2013, 35 (8): 1798 – 1828.

[83] Bengio Y. Learning Deep architectures for AI. Foundations and Trends in Machine Learning, 2009, 2 (1): 1 – 127.

[84] Bollen J, Mao H, Zeng X. Twitter mood predicts the stock market. Journal of Computational Science, 2011, 2 (1): 1 – 8.

[85] Borgonovo E. A new uncertainty importance measure. Reliability Engineering System Safety, 2007, 92 (6): 771 – 784.

[86] Bovier A, Cerny J, Hryniv O. The opinion game: stock price evolution from microscopic market modeling. International Journal of Theoretical and Applied Finance, 2006, 9 (1): 91 – 111.

[87] Cantegreil. Theaudacity of the Texaco/Calasiatic award: René – Jean Dupuy and the internationalization of foreign investment law. European Journal of International Law, 2011, 22 (2): 441 – 458.

[88] Cartea, Jaimungal S, Ricci J. Buy low, sell high: a high fre-

quency trading perspective. SIAM Journal on Financial Mathematics, 2014, 5 (1): 415 –444.

[89] Cavalcante R C, Brasileiro R C, Souza V L F. Computational intelligence and financial markets: a survey and future directions. Expert Systems with Applications, 2016 (55): 194 –211.

[90] Cont R. Statistical Modeling of high-frequency financial data. IEEE Signal Processing Magazine, 2011, 28 (5): 16 –25.

[91] Cont R, Stoikov S, Talreja R. A stochastic model for order book dynamics. Operations Research, 2010, 58 (3): 549 –563.

[92] COSO. Enterprise risk management-integrating with strategy and performance. Committee of Sponsoring Organizations of The Treadway Commission, US, 2017.

[93] Deselaers, Hasan T S, Bende O et al. A deep learning approach to machine transliteration. Workshop on Statistical Machine Translation, 2009: 233 –241.

[94] Ding X, hang Y, Liu T. Deep learning for event-driven stock prediction. Proceedings of the 24th International Joint Conference on Artificial Intelligence, 2015: 2327 –2333.

[95] Ding X, Zhang Y, Liu T. Using structured events to predict stock price movement: an empirical investigation. EMNLP, 2014: 1415 –1425.

[96] Dixon M, Klabjan D, Bang J H. Implementing deep neural networks for financial market prediction on the intel Xeon Phi. Proceedings of the 8th Workshop on High Performance Computational Finance, 2015, ACM, No. 6.

[97] Erhan D, Bengio A, Courville P A et al. Why does unsupervised pre-training help deep learning? Journal of Machine Learning Research, 2010, 11 (3): 625 –660.

[98] Ernst & Young: Business risks facing mining and metals 2012 –

2013.

[99] Fehrer R, Feuerriegel S. Improving decision analytics with deep learning: the case of financial disclosures. ArXiv preprint ArXiv: 2015, 1508. 01993.

[100] Fletcher T, Shawe - Taylor J. Multiple kernel learning with fisher kernels for high frequency currency prediction. Computational Economics, 2013, 42 (2): 217 - 240.

[101] Fraser Institute. Annual survey of mining companies 2009 - 2017. Vancouver: Fraser Institute, 2017.

[102] Hamid S. A. Using Neural Networks for Forecasting Volatility of S&P 500 Index Futures Prices. Journal of Business Research, 2004, 57 (10): 1116 - 1125.

[103] Heaton J B, Polson N G, Witte J H. Deep Learning in Finance. arXiv preprint arXiv: 2016a, 1602. 06561.

[104] Heaton J B, Polson N G, Witte J H. Deep Portfolio Theory. arXiv preprint arXiv: 2016b, 1605. 07230.

[105] Helton J C, Davis F J. Survey of sampling-based methods for uncertainty and sensitivity analysis. Reliability Engineering System Safety, 2006, 91 (10): 1175 - 1209.

[106] Hinton G E, Osindero S, Teh Y W. A fast learning algorithm for deep belief nets. Neural Computation, 2006, 18 (7): 1527 - 1554.

[107] Hinton G E, Salakhutdinov R R. Reducing the dimensionality of data with neural networks. Science, 2006, 313 (5786): 504 - 507.

[108] Hinton G E, Srivastava N, Krizhevsky A. Improving neural networks by preventing co-adaptation of feature detectors. arXiv preprint arXiv: 2012, 1207. 0580.

[109] Huang C L, Tsai C Y. A hybrid SOFM - SVR with a filter-based feature selection for stock market forecasting. Expert Systems with Ap-

plications, 2009, 36 (2): 1529 – 1539.

[110] Huang H, Kercheval A N. A generalized birth-death stochastic model for high-frequency order book dynamics. Quantitative Finance, 2012, 12 (4): 547 – 557.

[111] Huang Z, Chen H, Hsu C J. Credit rating analysis with support vector machines and neural networks: a market comparative study. Decision Support Systems, 2004, 37 (4): 543 – 558.

[112] IMF. World economic outlook: challenges to steady growth. Oct. 2018.

[113] Jinjarak Y. Foreign direct investment and macroeconomic risk. Journal of Comparative Economics, 2007, 35 (3): 509 – 519.

[114] Johnson C J. Ranking countries for minerals exploration. Natural Resources Forum1990, 14 (3): 178 – 186.

[115] Kercheval A N, Zhang Y. Modelling high-frequency limit order book dynamics with support vector machines. Quantitative Finance, 2015, 15 (8): 1315 – 1329.

[116] Kijima H, Takada H, Tomiya T. SVM – enhanced filtering model for limit order book dynamics. Proceedings of the ISCIE International Symposium on Stochastic Systems Theory and its Applications, the ISCIE Symposium on Stochastic Systems Theory and Its Applications, 2016: 181 – 188.

[117] Kogan S, Levin D, Routledge B. Predicting risk from financial reports with regression. Proceedings of Human Language Technologies: The 2009 Annual Conference of the North American Chapter of the Association for Computational Linguistics, Association for Computational Linguistics, 2009: 272 – 280.

[118] Kuremoto T, Kimura S, Kobayashi K. Time series forecasting using a deep belief network with restricted boltzmann machines. Neurocom-

puting, 2014 (137): 47 - 56.

［119］ Langkvist M, Karlsson L, Loutfi A. A review of unsupervised feature learning and deep learning for time-series modeling. Pattern Recognition Letters, 2014 (42): 11 - 24.

［120］ Le Cun Y, Bengio Y, Hinton G. Deep learning. Nature, 2015, 521 (7553): 436 - 444.

［121］ Levary R, Wan K. An analytic hierarchy process based simulation model for entry mode decision regarding foreign direct investment. Omega, 1999, 27 (6): 661 - 677.

［122］ Liao M, Shi B, Bai X. Text Boxes: a fast text detector with a single deep neural network. AAAI, 2017: 4161 - 4167.

［123］ Lischinsky A. In times of crisis: a corpus approach to the construction of the global financial crisis in annual reports. Critical Discourse Studies, 2011, 8 (3): 153 - 168.

［124］ Liu Y, Cheng M M, Hu X. Richer convolutional features for edge detection. Computer Vision and Pattern Recognition (CVPR), 2017 IEEE Conference, 2017: 5872 - 5881.

［125］ Lütkepohl H. New introduction to multiple time series analysis. Published by Springer Science & Business, 2005, Media.

［126］ Luss R, Aspremont A. Predicting abnormal returns from news using text classification. Quantitative Finance, 2015, 15 (6): 999 - 1012.

［127］ Mohamed A, Dahl G, Hinton G. Deep blief networks for phone recognition. NIPS Workshop on Deep Learning for Speech Recognition and Related Applications, 2009.

［128］ Muntermann J, Guettler A. Intraday stock price effects of ad hoc disclosures: the German case. Journal of International Financial Markets, Institutions and Money, 2007, 17 (1): 1 - 24.

［129］ Najafabadi M M, Villanustre F, Khoshgoftaar T M. Deep learning applications and challenges in big data analytics. Journal of Big Data, 2015, 2 (1): 1 – 21.

［130］ Nassirtoussi A K, Aghabozorgi S, Wah T Y. Text mining for market prediction: a systematic review. Expert Systems with Applications, 2014, 41 (16): 7653 – 7670.

［131］ Otto J. Mineral sector taxation methods: a global review 1992. Minerals Industry Taxation Policies for Asia and the Pacific, New York: United Nations, 1992: 11 – 21.

［132］ Pang B, Lee L. Opinion mining and sentiment analysis. Foundations and Trends in Information Retrieval, 2008, 2 (1 – 2): 1 – 135.

［133］ Prieto A, Prieto B, Ortigosa E. Neural networks: an overview of early research, current frameworks and new challenges. Neurocomputing, 2016 (214): 242 – 268.

［134］ Pring G, Otto J, Naito K. Trends in international environmental law affecting the minerals industry. Journal of Energy & Natural Resources Law, 1992 (2): 151 – 177.

［135］ Rabiner L, Juang B. An introduction to hidden Markov Models. IEEE ASSP magazine, 1986, 3 (1): 4 – 16.

［136］ RoSu I. A dynamic model of the limit order book. Review of Financial Studies, 2009, 22 (11): 4601 – 4641.

［137］ Saaty T L. The analytic hierarchy process: planning, priority setting, resource allocation. 1980, New York: McGraw – Hill.

［138］ Saidu B. How taxes, royalties, and fiscal regime stability affect mining investment: a comparison of Niger and Indonesia. Journal of Structured Finance, 2007, 13 (3): 105 – 111.

［139］ Saltelli A, Marivoet J. Non-parametric statistics in sensitivity analysis for model output: a comparison of selected techniques. Reliability Engineering System Safety, 1990, 28 (2): 229 – 253.

[140] Sarala R M. The impact of cultural differences and accultura-tion factors on post-acquisition conflict. Scandinavian Journal of Manage-ment, 2010, 26 (1): 38 – 56.

[141] Schmidhuber J. Deep learning in neural networks: an over-view. Neural Networks, 2015 (61): 85 – 117.

[142] Schumaker R P, Chen H. Textual analysis of stock market prediction using breaking financial news: The AZFin Text System. ACM Transactions on Information Systems (TOIS), 2009, 27 (2): 12 – 40.

[143] Shek H H S. Modeling high frequency market order dynamics using self-excited point process. Journal of the American Statistical Associa-tion, 2016, 111 (514): 564 – 584.

[144] Shen F, Chao J, Zhao J. Forecasting exchange rate using deep belief networks and conjugate gradient method. Neurocomputing, 2015 (167): 243 – 253.

[145] Sobol I M. Global sensitivity indices for nonlinear mathematical models and their Monte Carlo estimates. Mathematics and Computers in Sim-ulation, 2001, 55 (1 – 3): 271 – 280.

[146] Srivastava N, Hinton G E, Krizhevsky A. Dropout: a simple way to prevent neural networks from overfitting. Journal of Machine Learning Research, 2014, 15 (1): 1929 – 1958.

[147] Takeuchi L, Lee Y Y A. Applying deep learning to enhance momentum trading strategies in stocks. CS229, Stanford, 2013.

[148] Tan T Z, Quek C, Ng G S. Biological Brain-inspired genetic complementary learning for stock market and bank failure prediction. Com-putational Intelligence, 2007, 23 (2): 236 – 261.

[149] Wang W Y, Hua Z A. Semiparametric gaussian copula regres-

sion model for predicting financial risks from earnings calls. ACL, 2014, (1): 1155 – 1165.

[150] World Bank. Doing business 2018: reforming to create jobs.

[151] Xiong R, Nicholas E P, Shen Y. Deep learning stock volatilities with google domestic trends. arXiv preprint arXiv: 2015, 1512. 04916.

[152] Yoshihara A, Fujikawa K, Seki K. Predicting stock market trends by recurrent deep neural networks. Pacific Rim International Conference on Artificial Intelligence, Springer International Publishing, 2014: 759 – 769.

[153] Zadeh L A. Probability measures of fuzzy events. Journal of Mathematical Analysis and Applications, 1968, (23): 421 – 427.

[154] Zhu C, Yin J, Li Q. A Stock Decision Support System based on DBNs. Journal of Computational Information Systems, 2014, 10 (2): 883 – 893.

后　　记

本研究前后跨越了 3 年的时间，依托"重要矿产资源市场监测与综合评价"、"重点油气资源国家和地区投资环境动态评价"等相关课题展开，在前期工作的基础上，进行了方法的创新与探索，并历经反复实践、研讨、交流、调整、改进，终得以完稿。

衷心感谢中国地质大学（北京）经济管理学院安海忠教授，安教授在本书写作过程中，从研究设计到素材收集，均给予了切实有力的指点和帮助。感谢学院高湘昀教授、刘东辉博士在结果分析部分提出的建议，以及研究团队其他成员的支持。书稿的完成，每一个环节都凝聚着团队的心血和辛勤的付出。

其次，研究工作的顺利完成还要感谢陈方正教授、雷涯邻教授，以及在调研和座谈环节提出宝贵意见的各位专家。本研究在深度学习技术运用于矿业境外投资风险评价这一领域取得了一些进展，然而作为一个初步被研究的新领域，书中提出的相关方法还存在效率与性能上的提升空间，书稿的完成并不意味着研究工作的结束，未来在研究范围的拓展和研究方法的改进方面，作者仍将继续进一步的探索，或许可以带来一些更有价值的结果。